「天職・感謝・お金」を手に入れている人の

ガルフ
gAlpf な生き方

布留川 勝
Masaru Furukawa

CROSSMEDIA PUBLISHING

はじめに

　私はこれまで、「幸せな成功」を収めている人々に強い興味を持って生きてきた。ここで「成功」の前に「幸せ」を加えた理由は、外見上は成功しているように見えても、心の中では不幸せな人もいるからだ。お金持ちになったり、高い地位を得たりしていても、内面では満たされていない人もいる。

　この本を書くことを決めてから、多くの人に話を聞いたり、過去に出会った「この人の生き方は素晴らしい」「この人と一緒に仕事をしたい」と思った人々を思い返した。そして、そんな人たちの共通点は何だろうかと考えた。私が考える「幸せな成功」の定義は次の3つである。

1　天職を手に入れていること
2　周囲から感謝されながら生きていること
3　自分が納得できる報酬を得ていること

　中でも最も重要なのは、「天職を手に入れていること」だと私は思う。なぜなら、感謝されることや報酬は、天職を手にしていれば自然と後からついてくるものだからだ。

　医療技術の進歩により、人々は長生きするようになった。この本を手に取った20代から40代の読者の方も、おそらく100

はじめに

歳まで生きることになるだろう。そう考えると、「天職を手に入れること」が非常に重要になる。どんなに高給や高い地位があっても、毎日が嫌でたまらない仕事では、何年も続けられないし、決して幸せな気分にはなれない。

では、「天職」はどうやって手に入れられるのだろうか？ 好きな仕事を続ければ「天職」になるのだろうか？

多くの人は、「天職を手に入れる」ためは好きなことを探すことが必要だと誤解している。そうして、「好きなこと探し」の旅に出るが、この旅はしばしば長いものになる。40代や50代になっても、まだ好きな仕事に出会えない人もいる。同窓会で「なぜ自分の友人はいきいきと仕事をして、感謝され、お金も得ているのに、自分は違うのだろう」と感じることがあるかもしれない。そういう人は大抵、こんな風に思っている。

「自分だって、良い人生を送りたくて、一生懸命好きな仕事を探してきた。20代の時に憧れていた会社に入って、それなりに頑張った。でも、どこかで本気になれない自分がいたんだ。自分が本気になれない理由は、実はこの仕事が好きではないのかもしれないと思っていたからだ。だから、30代になっても「本気になれそうな仕事」を探し続けた。でもまた、その仕事にも夢中にはなれなかった。

一方で、同じような学歴と経歴で入社した同期は、毎日楽しそうに会社に来ている。周りと激論を交わしたり、お客さんとのぎりぎりの交渉をしたり、時にはつらい思いをしながらも、少しずつ何かを掴み始めている。少なくとも自分から見れば、

彼はその仕事を通して確実に成長している。でも、自分はどうだろう。こんなに夢中になれない。夢中になれないのはやっぱり、この仕事を好きになれないからだ。絶対どこかに、自分の好きな仕事があるはずだ。」そうして、この人はまた、好きな仕事探しの永遠の旅に出てしまう。

　この人は「幸せな成功」を手に入れることが出来るだろうか？　私にはそう思えない。

　この本のタイトル「gALf」の4文字の中で、AとLだけが大文字になっていることに気づいただろうか。実は、ここに本書の最も重要な部分がある。Aは「Able（できること）」、Lは「Like（好きなこと）」を指している。一言でいえば、gALfとは、「自分が出来ること（Able）を大きく、深くすることで仕事を好き（Like）になろう。その時にg（やり抜く力）とf（羅針盤）が大きな役割を果たす」というフレームワークだ。私はこのAとLの関係が、「天職」そして、「幸せな成功」に深く関係していると考えている。詳しくは、本書を読み進んでいただければ、この4文字の意味とつながりについて深く理解いただけると思う。

　例外はあるが、私が出会ってきた多くの幸せな成功者たちは、若い頃に「好きなこと探しの旅」には出ていなかった。彼らは、様々な「できること」を探求し、磨いていたのだ。若い時に、難易度が高く、他の人があまり注目していないAble（できること）を多く作ってきた人たちは、それらの一つひとつが熟成

し、何かのタイミングで、そのAbleと別のAbleがつながり、それがその人の独特の存在感になってくる。これが人生の面白さであり、難しさでもある。そうした経験から学んだことを、私が尊敬し信頼する人々との対話を通して、この本にまとめてみた。

　人生に正解はない。この本は成功の方程式ではないが、「幸せな成功」を収めている「gALfな人々」から学ぶこともあるだろう。そんなことを考えながら、この本のページをめくっていただけると嬉しい。本書が、新しい価値観の時代に生きる読者の「幸せな成功」の知恵になることを祈りつつ。

目次
「天職・感謝・お金」を手に入れている人のgALf（ガルフ）な生き方

はじめに 2

第 1 章
働くことの意味ってなに？ 13

「働く」って、こんなにしんどいものなの……？ 14
組織にいる以上は、歯車のひとつである 15
受け身の姿勢が歯車を錆びつかせていく 16
輝く歯車になるか、錆びついた歯車になるか 19

今、頑張っていることは本当に意味あるの？ 23
あなたを突き動かすものは？ 24
価値を生み出す人が手に入れるHAM（ハム）の法則 25
Honmonoの仕事を体得するには 29
HAMの中で最も重要なのはHである 31

同期と差がつき始めているけど、このままで良いの……？ ……… 35
- キャリアの8割は偶然から生まれる ……… 36
- 行動や努力がただの偶然を機会へと変える ……… 39
- 偶然の出来事を機会と捉えられるか ……… 41

「良い偶然」はどうしたら訪れるの？ ……… 44
- 行動によって偶然の起こりやすさは変わってくる ……… 45
- 大谷選手は「良い偶然」の達人？ ……… 47
- 偶然を成功の機会に変える人に共通するgALfな生き方 ……… 49

第2章
「好き」と「できる」の関係性 ……… 55

「できること」と「好きなこと」、卵が先か、鶏が先か？ ……… 56
- 「好きを仕事に」の落とし穴 ……… 57
- AからLに伸びる矢印の謎 ……… 60
- 「できる」が「好き」を呼び寄せる？ ……… 61
- 「好きな仕事じゃないと頑張れない」は本当だろうか？ ……… 63

情熱に火がついて回り始める ALPA（アルパ）サイクル … 64
Able とフローの気になる関係 … 69

できるようになったけれど、好きではない場合は……？ … 75

Able から Like にはすぐには変化しない … 76
Able を手に入れること自体が偶然から始まる … 78

目の前のことに一生懸命取り組めば gALf になる？ … 84

がむしゃらに頑張っていれば良いという話ではない … 85
ジョブ・クラフティングのススメ … 87
Able を手放す勇気 … 90

第 3 章
「やり抜く力」とは？ … 95

「やり抜く力」って根性論？ … 96

IQ の高い人が良い成績をとるとは限らない … 97
GRIT を構成する 4 つの要素 … 98
"ひと皮むける体験"に挑むには … 102
小さな「変」の積み重ねが成長へと「化」ける瞬間 … 105

スーパースターも受け入れる
地味で孤独な「意図的な練習」……………………………… 109
やり抜く力の発揮は、機会の獲得につながる ……………… 112

何ごとも才能次第では？ …………………………………… 115
成功の裏には「才能」だけでなく「やり抜く力」がある … 116
物事の受け止め方を左右する2つのマインドセット ……… 120
マインドセットをしなやかにするには ……………………… 123

GRITを高めることはできるのか ………………………… 128
双子でもGRITの程度は異なる ……………………………… 129
「やり抜く力」を支える楽観主義 ……………………………… 130
GRITを鍛えるアクションとは ……………………………… 133
ALPAサイクルに問われる主体性 …………………………… 138
誤ったGRITになっていないか ……………………………… 140

第 4 章
「どう生きるか？」を定めよう …… 147

人生の羅針盤を手に入れるには？ ……………………… 148
「どう生きるか」をガイドするforesight ………………… 149

foresight を構成する 3 つの視点 ……………………… 152
①鳥の目──Purpose of Life ……………………………… 156
あなたはどのレンガ職人のタイプに近い？ ……………… 159
なぜ働くのか？ …………………………………………… 162
②虫の目──Intuition …………………………………… 165
日々過ごす中で"問いを立て"最適解を"考える" …… 167
あなたからは見えない世界の存在 ………………………… 168
直観力を支える力 …………………………………………… 170
つながりを妨げる 3 つの罠 ………………………………… 178
③魚の目──GAD ＝ VUCA を生き抜く力 ……………… 182
古いシステムをアンラーンする …………………………… 192
誰もがリーダーシップを発揮できるだけの
自律が問われている ………………………………………… 194

第 5 章

gALf な人に近づくために …… 199

良い偶然を生む gALf な人には どうしたらなれるのか？ …… 200

gALf は互いに関係し合い、同時多発的に発達していく …… 200
未来を変えたければ、今を変えることだ ………………… 202
gALf な生き方に近づく 4 つのステップ ………………… 203

目次

ステップ1 **尊敬する人を gALf を通して分析する** ……… 206
 結局のところ、gALf な人とは ………………………………… 206
 ワーク 尊敬する人の gALf 分析 ………………………… 208
 憧れの人になりきって gALf な振る舞いを習得する ……… 210
 ワーク 尊敬する人の思考を反映する …………………… 211

ステップ2 **自身の「ものさし」を手にいれる** ………………… 212
 "自分自身の"ものさしを経験を通じて発達させる ……… 212
 人生のハンドルを握るのは、"あなた"だ ………………… 213
 セルフトークで自らに呪いをかけていないか …………… 214
 ワーク セルフトークを書き換えよう …………………… 218

ステップ3 **どの Able を大きくするのかを考える** ……… 222
 あなたの仕事に対する受け止め方を明らかにする ……… 222
 ワーク My Job …………………………………………… 223
 ワーク テクノロジーの進化が私に及ぼす影響 ………… 226

ステップ4 **どう生きたいかをイメージする** ………………… 228
 課題ではなく、あり方に目を向けよ ……………………… 228
 ワーク Vision Exercise ………………………………… 229

 おわりに ……………………………………………………… 226

 gALf な生き方を目指す方へ おすすめの TED と書籍 …………… 240

第 1 章

働くことの
意味ってなに？

Q

「働く」って、こんなに
しんどいものなの……？

　大学を卒業し、今の会社に入社して数年。
　社会人になりたての頃は「自由がなくなる」と言いながらも、働くことに多少の期待がありました。自分の力でお金を稼ぎ、世の中に貢献できて、自身も大人として成熟できると思ったからです。
　しかし現実は、目覚まし時計に叩き起こされ、チャットとメールの返信に追われ、会議をはしごするうちに夜になっている毎日。目の前の仕事に一生懸命取り組んでいますが、そこに働く意義を挟む余地はあまり……。
　近ごろは存在意義などを指す「パーパス（Purpose）」という言葉も出てきているけれど、「何のために働くのか」を考え出したら、多分、走れなくなってしまいます。働くって、こんなにしんどいものなのでしょうか……？

≫ 組織にいる以上は、歯車のひとつである

「組織の歯車」と聞いて、あなたはどのようなイメージを持つだろうか。多くの人は、あまりポジティブな印象を持っていないと思う。どちらかというと、組織に属する自分を卑下する場面で使いがちな言葉だからだ。「どうせ、自分は組織の歯車だから」といった表現にも代表されるように、使われるだけの存在というイメージが先行しがちである。

だが組織の歯車になることは、本当によくないのだろうか。

歯車は、機械を動かすのに欠かせない要素である。**歯車が面白いのは、単体で存在しても役には立たないところにある**。歯の数や大きさの異なる歯車を複数組み合わせることで、回転のバリエーションが生まれる。スピードを変えたり大きな動きを生み出したり、互いが影響し合いながら動力を生み出している。

組織の歯車も同じで、一人ひとりが歯車となって周囲と噛み合わせていくことで、動きや働きが生まれている。その連続が、社会に向けて価値を届けていくのである。

学生のうちに起業するのも珍しくなくなりつつあるが、やはり大半の人の社会人経験は、どこかの組織に所属することから始まる。

誰もが知る大手企業か、それとも立ち上げて間もないベンチ

ャーか、それとも公務員か。あるいは医療機関や学校、NPOなどの非営利団体に所属する場合もあるだろう。もしかしたら、創業から代々家族が経営し続ける、ファミリー企業かもしれない。いずれにせよ、ほとんどの人は何かしらの組織に所属し、仕事を覚えていく。

　すなわち組織のトップでも、とんでもない起業家でも、社会の入り口は歯車になることから始まっているということだ。さらに言ってしまえば、社長になったとしても、組織の中においては歯車に過ぎない。総理大臣や大統領といえども、社会における歯車である。私たちは社会という組織に属している以上、どこかで必ず歯車になっている。

》》受け身の姿勢が歯車を錆びつかせていく

　私たち人間は、一人ひとり異なる特性を持つ。
　まったく同じ歯車というのは、この世には存在しない。
　仮に所属や担う業務が同じだったとしても、実際の仕事では"個"による違いが生じる。私たちは機械ではない。だから同じ仕事をしていても、"その人なり"の違いが表れてくるのだ。

　もうひとつ目を向けたいのが、歯車のケアについてだ。機械の場合はその使い手（人間）が、メンテナンスを担う。車は定期点検と車検が欠かせないし、機械時計も数年に一度分解をして部品を手入れする。うまく働いていない歯車があれば調整し

て、機械が円滑に動くようにメンテナンスしている。

　組織でも会社は研修や学習プログラムを用意したり、福利厚生を充実させたりして、歯車（＝従業員）にメンテナンスの機会を与えている。けれども人間が機械と違うのは、仕事はその人の人生のひとつの側面に過ぎないところだ。
　歯車の働きに影響を及ぼす要素は、非常に多面的で複雑だ。

歯車の働きに影響を与える要素として例を挙げるならば、誰と出会うか、どのような心持ちで仕事に臨むのか、また会社の外でどのような経験をし、どのような学びを得るか。
　私たち人間という歯車は機械と違い、環境に応じて形を変える性質を持っている。機械の歯車は使い始めたら劣化の一途をたどるが、人間の場合は進化する可能性すらある。それも若いときだけではない。年齢を重ね、経験を積んで、ようやく開花の日を迎える場合もある。

　だが残念なことに、組織で働く多くの人はそのことに気づいていないことが多い。そして歯車が輝く機会は誰かが与えてくれるものと、どこか受け身の姿勢を取っている。だから働いている年数が経つにつれ、会社や部署といった"小さな社会"に呑まれていく。

　与えられた仕事を"やらされ感"のもと、これまでの経験の

焼き直しで「こなす」ようになる。
　さらには仕事の遂行以上に、社内でのポジションや政治力に目を向けるようになる。そして組織のサバイバルゲームから脱落した人たちは、「使えない人」だと後ろ指をさされている事実を受け入れながら、それでも会社を辞めるわけにいかないと組織にしがみつくようになる。

　こうした人たちの歯車は、当然のことながら動きが悪い。すっかり錆びついた歯車だ。歯自体も丸まったり欠けたりして、周りの歯車ともうまく嚙み合わないし、組織の動きにも悪影響を及ぼす。機械なら古くなった歯車は交換するが、組織は違う。
　特に日本企業の場合は、人事異動の可能性はあるが解雇の心配は少ない。だからいつまでもやる気がないまま、ダラダラと居続けるという状況に陥るのだ。

　ただし近年の社会情勢を見るに、日本の会社も早晩、終身雇用が一般的ではなくなるだろう。逃げ切れる世代のマネをして過ごしていては、彼らと同じ歳になった頃には錆びついた歯車は用なしとみなされ、新しい別のものと交換される可能性が高い。そしてその別のものというのはAIかもしれないし、海外にいながらオンラインで働く、あるいは人口減の中で日本に求められやってくる有能な外国人かもしれない。

第 1 章 働くことの意味ってなに？

「やらされ感」で仕事を「こなしている」と
歯車は錆びついていく……

>> 輝く歯車になるか、錆びついた歯車になるか

　注意したいのは、すべてのベテラン社員が、使えない人材になっているわけではないということだ。長いこと働いていたとしても、自身の能力と持ち味を存分に発揮し、常に進化し続けている人が組織の中にはいる。役職に就いているかどうかは関係ない。

　部下を持たなくても、課題や目標を前向きに捉え、新しいことにも好奇心を持ち、絶えず創意工夫を凝らしながら最前線で働き続けるような人だ。またそういう人は大抵、謙虚さを持ち合わせていて、尊敬できる人格者であることが多い。

19

また、その人が活発か否かもまた別の話だ。

　仮におとなしい雰囲気の人でも、どこか存在感があって、余裕を感じさせ、周りに慕われているような人はいる。

　芸能人に例えるなら、黒柳徹子さんとタモリさんのキャラクターは対照的だが、高齢になっても第一線で活躍し、若い人たちの感性を受け入れる寛容さがあり、世代を問わず慕われている点で共通している。

　そう、彼らは年季の入った歯車かもしれないが、しっかりと磨かれていて、今も輝いているのである。

世代を超えて慕われる人の歯車は輝いている

　輝く歯車は、周りを動かす力になる。大きな歯車であっても、小さな歯車であっても、周囲に良い影響を与え、「自分もやっ

第1章 働くことの意味ってなに？

てみよう」という気にさせる。

　そして「ただの仕事」を、自身と周囲の成長機会へと変えていく。結果として「良い仕事」だと評価され、周囲からの賞賛を得ているのだろう。

　さて、冒頭の「働くのがしんどい」という悩みについて考えてみたい。ここまでの歯車の話で言えば、既に錆びてくすんでしまった人たちにとっては、働くのはしんどくて辛いことだ。
　極端に言えば、自分のキャリアそのものを会社に委ねたにもかかわらず、見合うリターンを得られなかったわけだ。
　しかし自分では身動きが取れなくなっていて、"その会社で"しか生きられなくなってしまった。仕事は生存手段であり、生きがいではない。そこにエネルギーをつぎ込んでしまったことで、しんどい思いをしている。要は"くたびれて"しまったのである。

　けれども「しんどい」という言葉にはもうひとつ、"面倒で、骨の折れるさま"といった意味がある。大変なことには変わりないが、語意にはエネルギーが枯渇した印象はない。
　使い方によっては、「大変だけど、おもしろい」、「骨は折れるけど、やりがいもある」といったニュアンスを含んでいる。
　きっとキラキラと輝く歯車の持ち主は、そうした感覚で仕事に臨んでいるのではないだろうか。面倒で大変ではあるけれど、挑戦することで何か自分の生きがいや幸せにつながっていると

いうしんどさである。

　あなたの「働くのがしんどい」は、果たしてどちらだろうか。
　もし心身共にくたびれてしまったというのなら、しっかりと休む時間をとったほうが良い。しかしこの"くたびれた"という感覚が、自身の仕事や働き方に対する違和感から来るのだとしたら、いったん立ち止まって自分のキャリアを考えてみるタイミングなのかもしれない。
　それならばちょうど良い。この本はこれから先の働き方を見つめ直し、輝く歯車になるためのヒントを散りばめた一冊なのだから。

今、頑張っていることは本当に意味あるの？

　会社の仕事に価値を感じられずにいます。
　なぜ自分は今の会社で働いているのか、わからなくなるのです。提案を一つ通すためだけに、何人もの上司へ繰り返し同じ説明をしなければならない。
　どうして上司や先輩の顔色を伺い、取引先に頭を下げ、後輩の面倒を見ないといけないのか。面倒なことが多すぎて辟易します。
　お金を稼ぐならデイトレーダーや、YouTuber、インフルエンサーなどになったほうが手っ取り早い気がします。
　華やかな生活をしている彼らを見て、あくせく働く自分に虚しさを覚えることもあるくらいです。
　今、頑張っていることって、本当に意味のあるものなのでしょうか。

≫ あなたを突き動かすものは？

なかなか難しい質問だ。

私はあなたの上司ではないし、この本を読んでいる、一人ひとりの仕事を知っているわけではない。ましてや予言者でも経済学者でもないから、「将来この仕事がなくなる」とか「この職業はAIが代わりにやってくれる」など言えるはずがない。

あなたが頑張っている"こと"に対して、私が直接評価を下し、それが本当に意味のあるものかどうかを決めることはできない。そのうえであなたに聞きたい。

あなたは、なぜ働いているのだろうか。もし「お金のためだ」というのであれば、この問いに真剣に向き合うことは無駄に思えるかもしれない。また「理由なんてない」という人もいるかもしれない。でもそれで、今後数十年働き続ける自分をポジティブに想像できるだろうか。

とはいえ前提として、多くの人にとって労働とは「生活のため」「お金のため」という側面が存在するだろう。

そのうえで自身を「働く」という行動へ突き動かすものが、人それぞれで違う、というのは当然のことだ。またその理由が一つに絞られるとは限らず、いくつもの答えが浮かび上がる人もいるだろう。

小さな頃からの夢や、世の中への貢献といった思いもあるだろうし、自身の成長や、出会いを広げる、好奇心を満たすとい

うのも働く動機になり得る。もちろん、家族と幸せに暮らしたい、出世したいというのも答えのひとつだ（ただし「出世したい」は若干の注意が必要になる。その理由はこの本を読み終える頃には理解できるのではないだろうか）。

　一人ひとり、その人にしかない、唯一無二の働く動機が存在する。ポイントは"お金を稼ぐ"ということだけが、働くという行為の原動力ではないということである。

>> 価値を生み出す人が手に入れるHAM（ハム）の法則

　前置きが長くなった。ここからが本題だが、労働には「生み出した価値に対価が支払われる」という基本原則がある。
　一般的に「価値の高い仕事には、相応の対価がつく」ということも理解できると思う。
　では、「価値が高い」と顧客が考えるにはどんな段階があるのだろうか。それには以下の4段階があるとされる。この4段階はマーケティングでもよく使われるので、聞いたことがある人もいるかもしれない。

- 基本価値：取引に必要最低限の価値→最低限の機能を満たす
- 期待価値：取引時点で顧客が期待する価値→買う前に期待
- 願望価値：あれば高く評価する価値→入手して嬉しい
- 予想外価値：期待や願望を越えて、感動をもたらす価値

基本価値

期待価値

願望価値

予想外価値

　日々の仕事に置き換えれば、最低限こなすべきラインが基本価値として、そのうえでさらにどのような価値をつけ加えていくか。それは仕事をする人次第で変わってくる。

　そして忘れてはならないのが、**価値の発生には必ず相手が伴うということ**だ。そう、仕事というのは自分だけで完結するものではない。自分がした仕事に、"自分ではない誰か"（直属の上司かもしれないし、プロジェクトマネジャーかもしれない。自分とは直接接点のない隣の部署の誰かかもしれない。あるいは顧客、そして顧客の向こうにいる生活者。将来、この世に生まれてくるまだ見ぬ命の可能性もある）が価値を認め、そこに対価が支払われるという関係が成り立つ。

価値を認めるというアクションには、「あなたにお願いして良かった」「あなたの仕事のおかげで助かった」「ここまでしてくれるなんて、ありがたい」といった感謝の気持ちが込められている。そして"高い価値が伴い、周りに感謝される仕事"というのは、そう容易に生まれるものではない。

　その仕事を達成するのに必須のスキルはもちろんのこと、ニーズの洞察に市場の把握、遂行するうえでの円滑なコミュニケーションや関係者への配慮など、さまざまな要素が高いレベルで満たされて初めて、ようやく周囲に認められる。安定して高い価値を生み出せる人材は希少性が高いがゆえに、高い報酬が支払われる。

　ここまでの話をまとめると、相手にとって価値の高く、「あなただから成し得ること」「あなただからお願いしたい」と思わせる本物（Honmono）の仕事のできる人は、周囲から信頼を得ると同時に感謝（Appreciate）され、納得できる収入（Money）を得られる。私はこの関係を、**それぞれの頭文字をとって「HAM（ハム）の法則」**と呼んでいる。

　ちなみにMoneyのところで「納得できる」としたのは、**社会的意義が高く周囲から感謝されたからといって、必ずしも高い収入になるとは限らない**からだ。

　途上国へのボランティア活動や、地雷撤去といった社会的な問題に取り組む団体で働く人たちは、営利を目的としていない。

金銭的価値だけで見れば、取り組みに対するリターンは少ないといえる。だが彼らはお金には代えがたい他の部分で、働くことの価値を見出しているに違いない。

またここで強調したいのは、HAM の A（感謝）と M（収入）は後からついてくるということだ。

自分の才能や能力を引き出してくれる本物の仕事（H）に出会うためには、できることの質と量（大きく、深く、数を増やす）が重要だ。その結果として、周囲から「価値のある人材で絶対に離したくない」という評価や感謝（Appreciate）になる。それがいずれ収入（Money）につながってくる。

成功者曰く、「Money follows（お金は後からついてくるもの

HAM の法則

さ)」。それを忘れてはならない。

❯❯ Honmonoの仕事を体得するには

仕事をHonmono（本物）へと磨き上げていく背景には、お金や法的な義務を越えた"何か"が存在するはずだ。生みだした価値を享受する人への思いかもしれないし、価値を生みだす過程自体にワクワクする自分自身かもしれない。この項のはじめに「働くうえで、あなたを突き動かすもの」を尋ねたのはそのためだ。

本物の仕事に就いているとき、人は幸せな気分になれる。周囲から感謝され、自分を必要としてくれる人がいると確かめられたとき、私たちは「誰かの役に立っている」と感じることができる。この感覚は自己有用感と呼ばれ、自分が他者や社会に対して貢献できているという実感から生まれる。そして、それが高まることで、自分自身を受け入れる感覚である自己肯定感が高まり、日々の自分自身の行動に対する自信や満足感を高めることができる。

誰かの役に立つことは、自身が周りに認められるきっかけとなる。心理学で有名な「マズローの欲求5段階説」では、人の欲求の第4段階として承認欲求を挙げている。自己有用感（自分が役に立っているという自覚）が承認欲求（相手から認められているという感覚）と深く関連するのは、説明するまでもないだろう。承認欲求が興味深いのは、さらに2つに分けられる

ところにある。ひとつは先に述べた、他者からの承認(他者承認)だ。周囲からの尊敬や賞賛、また地位や名声といったものが当てはまる。人事考課で良い評価を得たい、昇進して役職に就きたいというのも、他者からの承認に当てはまる。

そしてもうひとつが、自分で自身を認める自己承認欲求である。**もっとうまくなりたい、もっと自分自身を高めたいと、内発的に課していくものをさす。**
自己承認は他者承認よりも高いレベルの承認欲求とされ、周りの評価に左右されず常に高みをめざしていくようなイメージに近い。人は本物の仕事に巡り合えたとき、他者承認を超えて自己承認との対峙が始まる。

ここで注意したいのが、必ずしも、本物の仕事＝子どもの頃から好きなこととはならないことだ。たとえばメジャーリーガーの大谷翔平選手は、野球界で本物の仕事をしている代表格といえる。そして彼の野球への愛は、誰もが認めるところだ。

彼の場合はラッキーなことに、子どもの頃から好きなことと本物の仕事が一致した稀なケースと見たほうが良い。大半の人はいくら「野球が好き」だって、プレイヤーとして唯一無二の付加価値を生みだすことは困難だろう。

しかし落ち込む必要はない。人は誰でもその人にしかない、豊かな才能を持ち合わせているのだから。

本物の仕事に近づくのに最も有効なのは、「才能を生かすこと」だ。大谷選手にしても野球選手としての資質が備わっていて、そのうえで人の何十倍、何百倍と研鑽を積み、加えて人生の分岐点で機会をものにし続けてきたからこそ、野球を誰も敵わないレベルの仕事に仕立て上げた。

　才能が大げさだというなら、「特性」と呼んでも良い。周囲を巻き込むことが得意、複雑なものをわかりやすく説明するのが得意、複数の事象を踏まえて精緻分析するのが得意、0から1を生み出すのが得意、1から10に成長させるのが得意、多様な人たちの間に入り調整するのが得意……と、小さな頃からこれなら誰にも負けない、こういう場面では独壇場だったという要素があったはずだ。

　確かに「好き」という気持ちは大切にしてほしい。仕事に愛着が感じられなければ、周りに感謝され、内発的に磨きをかけるだけの情熱を注ぐことはできないのだから。

　けれどもいくら好きだからといって、自身の特性からかけ離れたところでは、なかなか本物の域に達するのは難しいのではないだろうか。なお仕事における「好き」の考え方については、次章でも詳しく扱う。

〉〉 HAMの中で最も重要なのはHである

　とはいえ若いうちは、HAM（Honmono、Appreciate、Money）を実感するのは難しい。というのも経験が浅く、スキルも人間関係の構築も、そして社会的信頼も十分に得られて

いない。**つまり、HAMのスタート地点であるH（自分の才能・特性を引き出してくれる本物の仕事）を実感するのが難しい。**

　冒険ものの物語で例えるなら、まだ話が始まって数ページというところだろう。冒険もまだ序盤で、戦うための、本人の能力も仲間も道具も十分に揃っていない段階だ。

　私自身、HAMの感覚を得られたのは40も半ばを過ぎたころだった。H（本物の仕事）を実感し、周囲から高い評価や感謝を感じ始めたのは、40代に入ってからであり、M（Money）に関しては更に後になって得ることができた。どんな業界であれ最初のうちからHAMを得られる職業というのはゼロに等しい。本物の仕事は、ある一線を超えた先にある。他の誰でもない、「あなただからお願いしたい」という領域が存在するはずだ。だから焦ってはいけない。

　FIRE（Financial Independence, Retire Early：経済的独立と早期退職を目指すライフスタイル）を否定するわけではないが、100歳まで生きるポテンシャルのある読者の皆さんには80歳になっても社会に貢献し感謝される、ホンモノの仕事の基盤を作る20〜40代を意識してほしいのだ。

　ダニエルピンクの『THE POWER OF REGRET 振り返るからこそ、前に進める 「後悔」には力がある』（かんき出版刊）という本をご存知だろうか？　この中に、4つの後悔が出てくるが、その一つが「自分の人生を安定させるような基盤を築か

第 1 章　働くことの意味ってなに？

なかった後悔」だ。若い頃にアリではなくキリギリスのように行動し、「あのときこうしていれば……」と後悔するものだ。

　本書で紹介するgALf（ガルフ）のフレームワークを若い頃から意識し、実践することで、HAMを得られ、そして、後悔のないキャリアを歩んでほしいと心から願っている。

「あのときこうしていれば……」という後悔がない生き方を歩もう

明日から取り組める 3 つのチャレンジ

1 ■自分を突き動かす動機を明確にする

毎朝5分間、自分が「今日の仕事が何につながるのか」「何のために働くのか」を考える習慣をつける。自分の働く動機を明確にすることで、日々の仕事に対する意欲を高めることができる。

2 ■価値を生み出すための具体的な行動を取る

毎日の業務で、「基本価値」以上のものを提供することを意識する。たとえば、上司や同僚からの期待を超える成果を出すために、自分から一歩進んだ提案をしてみる。また、顧客や同僚に対して、予想外のサポートやフォローを行い、感謝されるような行動を意識する。

3 ■本物の仕事を目指してスキルを磨く

業務終了後に1時間ほど、自分のスキルアップに時間を投資する。具体的には、業務に関連する専門書を読む、オンラインコースを受講する、あるいは業務改善のための新しいツールを試してみるなど、自分の特性や才能を活かせる分野での成長を意識的に追求する。

第 1 章　働くことの意味ってなに？

同期と差が
つき始めているけど、
このままで良いの……？

　焦ってはいけないと言いますが、入社から 3 年ほどが経ち、同期の間でじわじわと差がつき始めているのが気になっています。

　仕事で大きくつまずいた感覚はなく、小さなプロジェクトの取りまとめや後輩の教育係を任せられたり、自分で判断したりする場面も増えてきていて、新人の頃と比べたら成長を実感しています。

　一方で同期が大きなプロジェクトに取り立てられたり、表彰を受けたりする姿を目にして、活躍を喜びつつ若干焦りを感じるときもあります。転職してキャリアアップを図る人もいて、「このままで良いのだろうか……」と悩んでしまいます。

》 キャリアの8割は偶然から生まれる

　まず、最初に結論を言ってしまうと、悩んで焦って、結果何もしていない、という状況なのであればそれはよくない。詳しく話そう。

　社会人3、4年目は、ある意味仕事の醍醐味を感じ始める頃ではないだろうか。

　上司や先輩に一つひとつお伺いを立てる必要はなくなり、仕事の進め方も勘どころがわかってきてスムーズに進められるようになる。全体予算だけ割り当てられて、内訳は自分でコントロールする、あるいは大きなプロジェクトを主導する役割を担う人も出てくる。だからといって管理職のように責任を問われたり、部下をマネジメントしたりということもなく、自由に動きながら自分で仕事を回している感覚を得られやすい時期といえる。

　一方で、就職活動に明け暮れていた頃よりも、会社で働くことの解像度は上がっている。学生の頃のように与えられたカリキュラムをこなせば認められるという甘えは通用しないし、気が乗らないタスクでも逃げるわけにはいかない。それに、自分さえしっかりやっておけば問題ない仕事はとても限られている。「仕事は自分一人ではできない、チームワークだ」と就活のときに言われていたけれども、こういうことか」と実体験から感じた人も多いのではないだろうか。

みんながみんなキラキラと、意識高く仕事に臨んでいる組織ばかりではない。だからといって、何も口応えせず奴隷のように会社への忠誠を求められる、といった極端な例も多くはないだろう。

上記のようなどちらともいえない環境と心境の中で、あなたと同じタイミングで入社し、ともに働く仲間たちが存在する。彼らもまたあなたと同じように、どのような意識で仕事に向き合うべきか、その「分岐」に悩みながら過ごしているのかもしれない。

実はこの「分岐」という言葉が、この項のキーワードとなる。

詳しい解説は後に回すとして、まず考えてみてほしいのは、あなたの今の仕事は、子どもの頃に就くことになると予期できたものだろうか。もし「寸分違わず思い描いていたとおり！」だと言うならば、それはとても幸せなことだ。けれども多くの大人はそうではない。むしろ、小学生、もしかしたら大学生のときですら、思いもしなかった職業だというのがほとんどではないだろうか。

それを考えるうえで参考になるのが、スタンフォード大学で心理学を研究していたジョン・D・クランボルツ教授が1999年に発表した、「計画的偶発性理論（Planned Happenstance Theory）」というキャリア理論だ。

クランボルツ氏によれば、ビジネスに成功した人を調査した

ところ、「**キャリアにおけるターニングポイントのおよそ8割が、本人の予想しない偶然の出来事によるものだった**」というのである。

　この理論が発表された当時、キャリア開発の界隈では大きな衝撃をもって受け入れられた。なぜならば、従来のキャリアの考え方は将来の目標やゴールを明確にし、その実現に向けて積み上げていくものというのが主流だったからだ。私たちは「野球選手になりたい」から野球チームで練習し、「医者になりたいから」から〇〇大学の医学部に入るための猛勉強に明け暮れるといった経験に慣れている。

　クランボルツ氏の理論は、その経験自体を否定するものではない。**しかし実際のキャリアは希望から逆算的に取り組んでも描いたとおりになることは稀で、それ以上に経験の過程で出会う偶然が作用する**、と説く。
　確かに、学生時代のすべてを費やしてのめり込んだ趣味やスポーツから、偶然の出会いでまったく違う活動や仕事に移り変わったとか、興味のある学部がある大学のオープンキャンパスで見た、まったく別の研究室が面白くて志望先を変えたとか、誰しもこれに近い経験をした覚えはないだろうか。

　こうした偶然は、キャリアの分岐点となる。あなたのキャリアはこの分岐の連続によって形成され、今の会社と仕事に出会

>> 行動や努力がただの偶然を良い機会へと変える

「キャリアは偶然によって決まるのか。それなら毎日適当に生きているが勝ちだ」と思う人もいるかもしれないが、それは大きな間違いだ。「キャリアの8割は偶然の出来事によって決まる」というのは、計画的偶発性理論の一部に過ぎない。クランボルツ氏は加えて、次の2つを述べている。

- 偶然の出来事は、行動や努力によって自身のキャリア形成に役立てられる
- 意図的な行動が、偶然の出来事を引き寄せる

つまり思いもしない出来事を"ただの偶然"で終わらせるのか、それともキャリアにつながる重要な分岐に変えていくのかは、あなた次第だということだ。

たとえばドラマや映画で活躍する俳優のインタビューで、芸能界に入るきっかけはスカウトだった、あるいは親やきょうだいが事務所に履歴書を送ったという話を目にすることがある。

彼らの多くははじめから俳優という職業に強い憧れや目標を持っていたわけではなく（もちろん人にもよるが）、芸能界入りという偶然の機会をうまく活かしたことになる。

もしも彼らが「興味がないから」とか「勉強が忙しいから」と、芸能関係者の目に留まった機会を受け入れなかったとしたら、今日のようにスポットライトを浴びることはなかったかもしれない。

　はじめは軽い気持ちだったとしても、「やってみるか」と芸能の世界に足を踏み入れるという行動からすべては始まっている。

　また、いくら外見が人並外れたものだったとしても、それだけでキャリアを確立できるほど芸能界は甘い世界ではない。彼らは華やかな世界の裏側で、演技やダンスのレッスンを受けたりオーディションで端役を勝ち取ったりしながら、徐々に俳優としてのキャリアを不動のものにしていったのである。

　そして俳優たちの下積み時代の話では、オーディションを何度も受け続けた、尊敬する演出家の作品はエキストラでも受けていた、どんな端役でも必ず引き受けていた、というように、自ら動いて機会を増やしたエピソードが出てくる。さらにはアクションシーンのある作品でもいつでも受けられるようにと、ジムに通って体を鍛えたり格闘技を習ったりといった話もよく聞く話である。

　例として芸能界を取り上げたが、偶然の出来事を行動や努力によってキャリアアップの機会に変える事象は、私たちの身近なところでも起こり得る。

　たとえば日頃から面倒見がよく、周囲とのコミュニケーショ

ンを図るのがうまい人には、後輩の育成や、採用イベントの運営を任されたりするチャンスが巡ってくるだろうし、資料にいつも自作のイラストを添えていたら、販促物のイラスト制作を打診されたということもあるだろう。これらがきっかけで人事に異動した、副業で作品を EC で売り出し始めた、となったら、それはただの偶然ではなくなる。

>> 偶然の出来事を機会と捉えられるか

　クランボルツ氏は自身の著書を通じて、結果がわからないときも行動を起こして新しいチャンスを得ること、偶然の出来事を活用すること、人生の選択を絞らず常にオープンにしておくこと、チャンスに対し不安が残るからといって躊躇しないこと、あらゆる出来事に積極的に参加することの重要性を説いている。

　逆に過去の経験や実績にとらわれて、ひとつの場所や仕事に自身を縛り付けることや、将来の目標にこだわり続けることの危うさを指摘する。

　同氏の主張は、変化が激しく未来予測の難しい昨今においてとても意義深いものだ。社会や経済の主導権が目まぐるしく変わり、今日の時点では隆盛を極める産業が、明日どうなっているかはわからない。その周期に半世紀前とは比べようもないほど短くなり、もはや「何になりたいか」を考える暇さえないほどだ。そのため、たとえば教師という「職業」そのものではなく、人に教えるなどのように「何をしたいか」と考えるほうが、

変化の激しい時代において自分らしいキャリアを築く可能性は高くなる。

　冒頭に「このままで良いのか」という悩みに対して、このまま焦るだけで何もしていないのであれば良くない、と伝えた。
　なぜならば、この相談者には、偶然の出来事を機会と捉え、自分のキャリアに活かそうとする姿勢に欠けていると感じたからだ。また偶然の出来事を引き寄せるような、積極的な行動に乗り出している様子もないのではないだろうか。キャリアに対する主体性が失われていることが、質問から見てとれた。
　仮に同期の活躍を羨ましいと感じているのなら、彼らの行動や意思決定を注意深く見てほしい。日々の業務の中でのたわいない会話や、ちょっとしたやり取りにおいて、関係者との接点を増やしたり、自身の関心ごとを伝えたりといったことをしていないだろうか。
　彼らは抜擢されるために、"狙って"動いたわけではないと思う（多少は狙ったところもあるだろうけれど）。しかし声がかかればすぐに動けるように、関連する領域の知見を深めたり、興味関心と完全一致していなくても近いテーマであれば自分から手を挙げてプロジェクトに参画したりと、彼らはきっと、偶然の出来事をキャリアアップの機会へと転化させる行動や努力をしていたはずだ。

明日から取り組める3つのチャレンジ

1 ■ **キャリアの偶然を活かすための行動を起こすこと**
毎日一つ新しいことに挑戦してみる。例えば、上司や同僚と話す内容を普段より少し広げたり、新しいプロジェクトに自ら手を挙げるなど、小さな行動が大きな機会につながる可能性があるのだ。

2 ■ **同期の成功から学ぶこと**
同期の成功事例を観察し、彼らがどのような行動を取っているのかを学ぶ。彼らの働き方やコミュニケーションの取り方を意識的に観察し、自分に取り入れるポイントを見つけてみる。

3 ■ **キャリアに対するオープンな姿勢を持つこと**
未知のチャンスに対してオープンな姿勢を保つ。興味を持った業務や話題には積極的に関わり、未知の分野や業務にも自ら進んで参加することで、新しいキャリアの分岐点をつかむ機会を広げる。

「良い偶然」はどうしたら訪れるの？

　偶然の出来事や偶然を活かす行動が、自身のキャリアに影響することは理解できました。

　ただ、巡り会える偶然の質や量、タイミングによっても、生き方が左右されるのではないかと感じました。

　たとえば良い偶然に巡り合っていたとしても、それに気づかない、ということもあるのではないか、と思います。

　自分にとってポジティブにはたらく「良い偶然」は、どうしたら訪れるのでしょうか。

》行動によって偶然の起こりやすさは変わってくる

　確かにキャリアのことを考えたら、悪い偶然よりも良い偶然に出会えることのほうが望ましい。ただ、一つひとつの偶然の出来事が良いものか、あるいは悪いものになるかは、それが起こったときには判断できないし、その人が置かれた状況によっても違ってくる。

　ただ、何も行動しないで偶然の出来事など起こるはずがない。まずは動くことで偶然の出来事の"量"を増やすこと。そのうえで"質"について言うならば、やはり自分がやってみたい、就きたい仕事と関係する環境に身を置くことだろう。

　たとえば海外で働いてみたいと思っているのに、日本のマーケットしか視野にない職場にいてもチャンスは巡ってこない。量と質の２つは「良い偶然」を考えるうえでの大前提となる。

　クランボルツ氏は、偶然の出来事が起こりやすい行動特性として、次の５つを挙げている。

1　好奇心
　興味関心のある分野にとどまらず、普段から視野を広げるよう努めること。アンテナを鋭敏にしておくことで、新しいことに挑戦したい意欲が湧く場合もある。

2　持続性
　失敗してもあきらめず向き合うこと。困難をさけたり苦手意

識を持ったりすると、その先にある可能性が閉ざされてしまう。

3　柔軟性

こだわりや理想にとらわれて、行動や思考を狭めないこと。常に柔軟な姿勢で臨機応変な対応を心がける。

4　楽観性

失敗や困難もポジティブに捉えること。何が起きても良い方向に行くと信じる態度は、自分自身をプラスの方向に運んでくれる。

5　冒険心

リスクを恐れず行動すること。不確実性の高い環境において、失敗はつきもの。ある程度のリスクは引き受ける心構えが大切である。

先ほど、活躍する同期の行動や意思決定を深く観察してみようと述べたが、もし余裕があればこの５つの行動特性に当てはめて考察してみるのも良いだろう。

このときぜひ注目してほしいのが、損得勘定や不確実性との向き合い方だ。あなたの周りにいる「良い偶然」が起こる人々は、**周囲とのコミュニケーションにしても、何か新しいスキルを習得するにしても、直接的なリターンに対する期待はほどほどで、人とのつながりや知見の広がりそのものを楽しんでいるのではないだろうか。**

偶然の出来事は、当然のことながら誰もが予測できない。

それならば、「この後どうなるかわからないけれど、きっと良いことがある」程度の気楽さで、着手する姿勢が望ましい。「これを引き受けたら面倒」とか、「この人の案についたほうが安全」と、表層的な損得勘定を働かせるよりも、「今までにない経験が積める」、「この案のほうが多くの人が恩恵を得られる」と本質的な利益を判断軸にしたほうが、充実した時間を過ごせるし、思いもよらない偶然に出会えるはずだ。

あなたは、「偶然の出来事」が起こりやすい行動をとっているだろうか。

》》大谷選手は「良い偶然」の達人？

世の中には「良い偶然」に恵まれている人がいる。
傍から見れば、うまく偶然を引き寄せているような人だ。"引き寄せる"と言っても、スピリチュアルな話をしたいわけではないことを、ここで断っておく。

うまく偶然を引き寄せている人はチャンスの場面でしっかりと結果を残し、また次のチャンスを掴んで着実に次のステージへと進んでいる。こう書くと、ものすごく闘争心が強くて、ギラギラとした印象を持つかもしれない。でもここで述べたいモデルはむしろ真逆で、何事にも誠実に向き合い、朗らかで、どこか人間としての可愛らしさも持ち合わせていて、いつも周りに誰かが集まって来るような人物である。

先に出てきた大谷翔平選手などは、まさに好例といえる。花巻東高校時代に注目を集め、卒業後はNPB（日本プロ野球）の北海道日本ハムファイターズに入団を決める。
　栗山英樹監督の下で投手と打者の二刀流に挑戦し、NPBで5シーズン活躍した後、MLBのロサンゼルス・エンゼルスに入団。そこでの活躍が認められ、日本人最高額の年俸でドジャースに移籍を果たした。その後も名だたるメジャー選手を凌駕する活躍を見せているのは、みなさんもご存じのとおりだ。

　そんな大谷選手の「良い偶然」を象徴するエピソードといえば、やはりNPB入団時の話に尽きるだろう。大谷選手が高3の秋のドラフト会議の直前に「卒業後はMLB（メジャーリーグ）に挑戦したい」と宣言していたにもかかわらず、ファイターズはドラフト会議で強行指名して、交渉権を獲得する。

　大谷サイドは「アメリカでやりたいという気持ちは変わらない」と、ドラフト直後は球団の面会に応じない姿勢をとったが、その後の球団側の粘り強いアプローチもあって、入団交渉の場が設けられた。交渉には栗山監督も同席するなど、数度の話し合いの末、大谷選手はファイターズの入団に合意した。そのときに球団が提示した、『大谷翔平くん　夢への道しるべ』という30ページにわたる資料は大いに話題となった。

　もしドラフト会議で指名したのがファイターズではなかった

第 1 章 働くことの意味ってなに？

ら、もし当時の監督が栗山氏ではなかったら、もし自分の意志を貫いて卒業後間もなく MLB に挑戦していたら、もし NPB 時代に二刀流をあきらめていたら……と、大谷選手の軌跡には"もし"がつきまとう。だが彼はその時々で「良い偶然」と巡り合いながら、自分の糧にし続けてきたことで今の活躍がある。ここで言う偶然とは、誰もが知る出来事だけでなく、大谷選手とその周りの人たち、あるいは大谷選手自身しか知らないような、小さなエピソードも含まれる。

》 偶然を成功の機会に変える人に共通する gALf な生き方

　大谷選手は極端な例だとしても、身のまわりにも「良い偶然」とうまくつき合っている人がいるだろう。

　きっとあなたの職場でも見かけるはずだ。この章の最初で取り上げた光り輝く歯車の持ち主は、活動的で偶然の出来事を自ら生み出し、さらに前向きな努力と行動で自分にとって良い体験へと昇華させているに違いない。

　私は人材育成やコーチングなど、現在の仕事を通じて、たくさんのビジネスパーソンと出会い続けてきた。それも日本企業の新入社員や管理職から、各国のエグゼクティブや学識者と幅広い人たちと出会ってきた。私が 15 年以上前に開発した「パーソナル・グローバリゼーション」という、自分自身を自責で主体的・自律的にグローバル化することの重要性を説いたプロ

グラムに至っては、のべで40,000人以上にプログラムを提供している。

これだけ多くの人たちと顔を合わせ、言葉を重ねていれば、当然ながらさまざまな特徴を持つ人々と出会う。特に年齢を重ねるほど、自分を磨く機会として常に前向きに働く人とそうでない人の違いが顕著に表れる。いつまでも光り輝く歯車の持ち主と、錆びついてしまう人ではいったい何が違うのか。

この疑問を紐解くべく、私は偶然を成功の機会に変える人たちの、仕事に取り組むときの姿勢やメンタリティ、物事に対する捉え方の特性を、彼らとのコミュニケーションを振り返りながら考察することにした。そこから生まれたのが、右の図に示した「**gALf（ガルフ）**」というフレームワークである。これは成功するためのメソッドやノウハウではない。むしろ、成功し、幸せなキャリア・人生を歩んでいる人が起こしている好循環を示すフレームワークだ。

　gALfを構成する４つの要素のうち、根幹をなすのは真ん中の２文字のAとLである。 AはAble、LはLikeの頭文字。Ableはみなさんご存じのとおり「できる」「能力がある」といった意味であり、Likeは「……が好き」「……を好む」という意味を持つ。ここまでの話の流れから、仕事に対する意識を示すことは理解できると思う。またLのすぐそばにPがあるのも気になるところだが、これらがどのような関係を持つのかは

人生に良い偶然を呼ぶ「gALf」

GRIT：Able を下支えする「やり抜く力」　　　　　foresight：人生の羅針盤

第2章で説明しよう。

そしてAとLを挟むように配置された両脇のgとfは、いずれも小文字なのがポイントである。Able、Likeという価値の源泉ともいえる要素を加速させ、促進する役割、すなわち補助的な意味を持つため、あえてAやLと区別した。

まずgはGRIT（グリット）の頭文字を表す。GRITとはアメリカの心理学者であるアンジェラ・ダックワース氏が提唱した、「やり抜く力」のことだ。GRIT自体も各要素の頭文字をとったものだが、ここで解説すると混乱のもとになるので第3章で改めて扱いたい。

そして f は foresight。「先見」や「洞察力」ともいうが、ここでは人生の方向性を決めるときの羅針盤としており、そこには次の重要な3つの要素が含まれる。

① 自分はどんな専門性を磨いて生きていくのか。
② 今の自分は日々良い偶然を起こす行動を継続しているのか。周囲からどのような評価を受けているのか。
③ 日本の国力低下や高齢化、人口減少、グローバル化やデジタル化が自分の人生やキャリアにどのように影響しているのか。自分はそれらの動きをキャッチしていて適応しているのか。

またそれぞれの文字をつなぐ矢印や A に添えられた手のひらの意味は、それぞれの章で説明を補いたい。もしそれでも混乱するという場合は、こんな風に考えてほしい。

GRIT（やり抜く力）も foresight（自分自身の人生の方向性を決めるときの羅針盤）もない人の人生に、良い偶然が起こるだろうか？ 偶然のチャンスを掴むためには、大きく変わる世界情勢・外部環境を見据えながら、自分の道を切り開き、困難に立ち向かう強さが必要だ。

gALf が機能している人は、「良い偶然」を引き寄せると同時に努力と行動を怠らない。結果として偶然が連鎖的に訪れて、大きな成功を生み出している。

私がこれまで出会った、好奇心旺盛で創造性が高く、常に自らを磨き進化させていく人たちは、総じてこの gALf の好循環

第1章 働くことの意味ってなに？

gALfの好循環を経て、自分の道を切り拓こう

が機能していた。さらにgALfがうまく回っている人の周囲には、gALfな考えや行動が身についている人が集まってくる。彼らが行動を共にすることで起こる偶然の出来事には、発展性を伴うことは容易に想像できるだろう。こうしてgALfを循環させていくうち、HAMの法則を高いレベルで実現している。つまり、本物（Honmono）の仕事を通じて、周囲から感謝（Appreciate）され、納得できる収入（Money）を得ることができるようになるのだ。

　gALfの好循環の存在を、信じるか信じないかはあなた次第。けれどもこれから先のキャリアを築いていくうえで「良い偶

然」を呼び起こし、成長や成功の機会へと変えていく力を身につけておくことは、無駄にはならないと思う。次の章に続くgALfな考え方や行動を理解し、あなたなりの幸せな働き方を見出してほしい。

明日から取り組める3つのチャレンジ

1 ■**行動を起こして偶然の出来事を増やす**
普段とは異なる新しい環境や人との接点を増やす行動を取る。例えば、興味のあるセミナーに参加したり、社内の別部署の人とランチをしてみることで、良い偶然を引き寄せる機会を増やす。

2 ■**柔軟で前向きな姿勢を持つ**
予想外の出来事や失敗をポジティブに捉える練習をする。新しいプロジェクトやタスクが与えられた際には、まず「できない理由」よりも「どうすればできるか」を考える。何か困難に直面したときも、それを新しい経験として受け入れ、次の行動に活かせるように意識する。

3 ■**gALfの要素を意識して日常に取り入れる**
自分が「できること(Able)」と「好きなこと(Like)」を意識的に探し、それを磨くための小さな行動を積み重ねる。また、週末には自分のキャリアや将来の方向性について考える時間を設け、目標に向かって進んでいるかを確認する。

第 2 章

「好き」と「できる」の関係性

Q

「できること」と「好きなこと」、卵が先か、鶏が先か？

　gALf は幸せなキャリア・人生を歩んでいる人が起こしている好循環を示すフレークワークだというのは理解しました。

　第 1 章にある gALf の図について、もっと詳しく教えてください。図の A → L は、何を表しているのですか。また L の脇に添えられた P も何を示しているのですか。

　やっぱり、幸せなキャリアを歩んでいる人は、好きなことを仕事にしているんですよね？

》「好きを仕事に」の落とし穴

キャリアや天職を語るとき、よく「好きなことを仕事にしよう」とか、「まずは夢中になれるものを見つけよう」といった話が出てくる。

　Like（好き）を切り口に世の中にはどのような仕事があるか、どのような形で自身の Able（できること）を生かせるかを探ること自体は悪いわけではない。しかし Like に固執するのは考え直したほうが良い。

　人は憧れを抱くとき、光の当たっている部分だけに注目しがちだ。憧れの人が今の輝きを得るまでの道のり、つまり、人生の偶然のチャンスをモノにする冷静さや謙虚さ、そして、嫌なことを引き受けたりリスクを取ってきた過去。それらを見ずにして憧れを持ち、「ああ、やはり好きなことを仕事にしている人は輝いている」と思いがちだ。そうして憧れの職業に就いて初めて、影の部分に向き合うことになる。憧れのうちは見て見ぬふりもできたものの、いざ仕事となればそうもいかなくなるからだ。夢や希望を求め過ぎた結果、現実との折り合いがつかなくなり、心がポッキリと折れてしまう。

　Like（好き）を仕事につなげるのが間違いだと言うつもりはないし、それが実現できたとしたら素晴らしいことだ。しかし、Like に必要以上にこだわることで失望のあまり働く意欲がなくなっては意味がないし、視野の広がりに乏しいというマイナ

ス面は否めない。「やってみたら好きじゃなかった、好きなものは他にあるはず」と好きなこと探しにさまよい続け、結局何年経っても働く意義を見出せなかったり、能力が積み上がらなかったりするようでは問題だ。その人自身の可能性の幅を狭め、結果として人生そのものもあまり充実しないまま、時間だけが過ぎていってしまうからだ。私はこのような人を **Like-Seeker（好きなものを追いかけさまよう人）** と呼んでいる。

Like-Seeker、日本語では「"好き"を探す人」になるが、この言葉にはどこか、既に完成された、だからこそ存在しない"好き"を常に探し求めるような響きがある。

この考え方はとても危うい。なぜならば、**減点思考に陥りがちだから**だ。好きの「理想像」ともいうべき枠組みを設けてい

Able を伸ばすか、Like を探し求めるか？

第 2 章　「好き」と「できる」の関係性

て、そこから少しでもはみ出したりズレたりすると「自分には合わない」と敬遠してしまう。柔軟性に乏しく、実際の行動や選択と感情に隔たりが生まれてしまうのである。

これが仕事で起こると、どうなるだろうか。積極性に欠け、情熱を燃やしたり自ら機会を創出したりといったことが起こりにくくなる。取り組んでいることの面白さに気づけず、なかなか Able の深化や拡大につながらないのだ。

自分の好きなもの＝天職はどこにあるのかとさまよい続け、アクセルを踏み込めないまま、どこか浮遊したまま時間だけが過ぎていく。これでは自身の歯車はどんどん錆びついてしまう。

この対局にあるのが gALf の好循環を起こす人だ。

さて、ここで改めて gALf の概念図を見てほしい。

人生に良い偶然を呼ぶ「gALf」

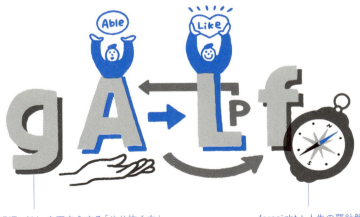

GRIT：Able を下支えする「やり抜く力」　　foresight：人生の羅針盤

≫ AからLに伸びる矢印の謎

　「gALf」とはいきいきと働きながら自らを成長させ、自分らしいキャリアを築き上げている人の行動特性をフレームワーク化したものであるとここまで伝えてきた。彼らは共通して偶然の出来事を成長や発展の機会へと変えている。自分の人生に「良い偶然」を引き寄せる性質を持つ。

　そしてgALfの4文字はそれぞれ、GRIT、Able、Like、foresightの頭文字を表す。中でもAble（できる、能力がある）とLike（好き）はフレームワークの中心を占め、ここでは仕事についてのスキルや能力、あるいは好きな仕事、職業などを意味する。

　ではAbleとLikeに注目する形で、図を改めて確認しよう。gとfの二文字に挟まれるようにAとLが大文字で表記されている。さらにAからLに向かって青く短い矢印が伸び、またPからAに戻るようにくるりとグレーの矢印が向けられている。ちなみにAからfに向かう矢印は、第4章で扱うこととする。

　この図のいちばんの肝となるのは、中央の青く短い矢印である。そう、**AbleからLikeへと伸びるこの関係、つまり順序が、「良い偶然」を呼ぶポイントなのである。**

第2章 「好き」と「できる」の関係性

>> 「できる」が「好き」を呼び寄せる？

　小さな頃に、自転車に乗る練習をしたときのことを思い出してみてほしい。大人や兄弟、姉妹が軽々と自転車を走らせる姿に憧れた一方、自分で運転するとなると怖くてドキドキしたのではないだろうか。そしていざ練習を始めると、うまく前に進めず転んでしまう。ひざやひじをすりむいては、痛い思いをするのが嫌で仕方がなかったはずだ。

　それでも補助輪を片方ずつ外したり、家族や友達に後ろで支えてもらったりしながら、ペダルを漕いでは転び、転んではペダルを漕ぐと何度も繰り返すうちに、だんだんとスピードが出るのを恐れず、まっすぐ漕ぎ続けられるようになっていったと思う。

　そして乗れるようになると、今度は自転車に乗りたくて仕方がない。歩きや三輪車のときとは比べ物にならないほど行動範囲が広がり、行ったことのない場所へとどんどん冒険する楽しさは誰もが経験済みだろう。中にはどこに行くにも自転車、自転車と、家族に飽きられるほど、毎日のように乗り回す子ども時代を過ごしていた人もいるのではないだろうか。

　仕事も同じだ。
　最初から「好き（Like）」で「できる（Able）」ことなんて、

たかが知れている。その証拠に、社会人1年目は苦い思い出ばかりという人は少なくない。けれども2年目、3年目と経験を重ねるうちに、「これ、意外と楽しいかも」と、仕事に対する見方が変わった経験はないだろうか。

　新人の頃は苦手で敬遠しがちだった仕事を、好ましく思えるようになったのはどうしてだろうか。さまざまな理由が考えられるが、ひとつ言えるのは、できなかった（Unable）はずのものができるようになるという、成功体験を積んだからではないだろうか。
　あるいは、**あまり気乗りがしなかったが、「あなたのおかげ」と誰かの役に立てたことで仕事に対する印象が変わったということもあり得る**。gALfでいえば、Able が Like に変わる瞬間である。

　とにかく苦痛で仕方がなく、自身の体調や職場の人間関係に支障を来してしまうというならともかく、自身が置かれている立場や環境を「好き・嫌い」、あるいは「できる・できない」という現時点の状態だけ見て、向いている・向いていないと判断するのは早計だ。自信を持ってできるようになった途端に、その仕事の醍醐味や面白さに気づくかもしれないし、もしかしたら生涯をかけて取り組むべき仕事、すなわちライフワークとの出会いにつながるかもしれない。
　つまり仕事は「好きだからできるようになる（Like → Able）」

とは限らず、「できるようになったから、好きになる（Able → Like）」場合もある。むしろ仕事の場では、後者のほうが圧倒的に多いのではないだろうか。

≫ 「好きな仕事じゃないと頑張れない」は本当だろうか？

一方で「好き」という気持ちは、仕事をするうえでもとても大切だ。

人間は感情的な生きものだと言われる。どんなに重要だ、必要だと言われたことでも、そこに好意的な感情が含まれなければ行動が伴わない。一度きりのことならともかく、仕事のように長きにわたって取り組むものには、好きという思いがなければ続かないし、発展していかない。

だから gALf でも Able で終わるのではなく、Like へ移行している。仕事が「できる」だけでは十分ではなく、そこから「好き」になることが重要なのだ。そして実際、できるようになったのをきっかけにその仕事が好きになるという例は多く存在する。中でも gALf サイクルが機能している人たちに限っていえば、そのケースが非常に多いのである。

まず、ある仕事が「できる」ようになると、その部分を自分に任せてもらえるようになる。「できなかった」ときと違って、裁量が与えられる。仕事の工程のいくつかの部分が自分に任せ

られ、上司が気にするであろうポイントを先回りしてタイムリーに報告することで、更に多く裁量が与えられる。

　次に、仕事で接する相手が変わってくる。あるいは相手との関わり方が変わってくる。主担当となればサポート役の頃とは違い、関係者とやり取りする頻度や密度が格段に高まる。
　自分の行いが誰かへ影響することを、よりダイレクトに、強く感じるようになるだろう。

　仕事が「できる」ようになると、見える景色がまるで変わるのである。自転車に乗れるようになった、かつての自分のように。

　このときカギとなるのが**「やりがい」**だ。
　組織や社会に貢献できているという手ごたえを得られるか、あるいは自身の成長を実感できるか。「もう少し頑張ってみたい」と思えたらしめたもの。多少手間のかかることや厄介ごとも、前向きに取り組めるようになっているのではないだろうか。やりがいによって、ただの Able が Like に移り変わることは、多分に起こり得る。

≫ 情熱に火が灯って回り始める ALPA（アルパ）サイクル

　人は仕事にやりがいを見出せれば、積極性や主体性を発揮するようになる。ここで言う積極性とは目立とうとしたり、誰か

第2章 「好き」と「できる」の関係性

に取り入ろうとしたりという意味ではない。深い洞察のもと、仕事に関わるすべての人にとって最善となるアクションを考える、仮説を立てたうえで相談に臨むなど、自らの意志を伴う行動を指す。

たとえば接客業でお客様への声かけがマニュアルで定められていたとしても、訪れたときの様子や雰囲気から、あえて別の内容の声かけをするというというのも、主体性を伴う判断といえる。

仕事における積極的な態度や主体的な行動は、周りに良い影響を与える。そして努力を重ねる姿は、必ず誰かが見ているものだ。「あの人、最近頑張っているよね」「自分から発言することが増えたよね」「先回りして動いてくれているよね」と、あなたの仕事ぶりに期待を寄せる人が出てくるだろう。

応援してくれる人の存在は、あなたをやる気にさせ、さらなる飛躍の機会をもたらしてくれる。

より高度な役割へのアサインや、昇給やボーナスといった待遇面の向上である。この段階に至る頃には、もう一段階レベルアップした思いで仕事に臨むことになる。

もう一段階レベルアップした思い、それは**情熱（Passion）という、Like（好き）を超越した感情**だ。冒頭のgALfの図において、Lのすぐ側に記されていた「P」の正体である。

できる（Able）から始まったことが、やりがい（Like）へと変わり、周囲からの評価や自身の気持ちの変化から情熱「Passion」へと移り、その結果、より高い次元のできること（Able）へと戻ってくる。私はこのサイクルを「ALPA（アルパ）サイクル」と呼び、このサイクルを回し続ける人をLike-Seeker（58ページ）と対になる存在として、ALPAr（アルパー）と呼ぶ（下図）。

　次のページの図を見てほしい。

　これはgALfの中核をなす「A（Able）とL（Like）」を好循環させる、つまりALPAの4段階を表している。

　第1フェーズでは自らが「できること（Able）の質と量を

	ALPAr	Like-Seeker
定義	・学ぶ姿勢を持ち、時間とともにできることが増え、それがオリジナリティの高い難易度の高い仕事につながり、周囲から評価される人 ・その結果、仕事が好きになり、パッションが芽生え、さらに高いレベルを目指すサイクルが生まれる	・「好きなもの」を追いかけさまよう人 ・少しでも壁にあたると、「私に合うもの、私の好きなものは他にあるはず」と、困難を避けてしまう
結果として	出来ること（Able）の質と量を増やし、感謝されることで、「良い偶然」が人生に巡ってくることで充実した人生が送れる	出来ること（Able）が大きくならず、自分の可能性を狭め、時間だけが過ぎていってしまう

増やすこと」から「やりがい〔Like〕」の種につながることを信じること（詳しくはこの章の後半87ページに出てくるジョブ・クラフティングという考え方を参照してほしい）

　第2フェーズでは「やりがいのあるできること」で前向きに働き、その結果、成果が出てきたことで周囲の見る目が変わってくることを感じる。それがまた新たな「やりがい」となる状態だ。

　第3フェーズは周囲の目がより明確に自身への「評価」へ還元される段階。具体的には昇格や昇給がなされるとともに、より難度が高く責任の伴う仕事を任せられることとなる。

　第4フェーズはそこからさらに高次元へと変わる。「やりがい」が周囲からの評価によるものではなく、自身の内側から生

ALPA（アルパ）が回ってくる4段階

まれ出ることで情熱「Passion」に変わっていく。これは外部から得たやりがいではなく、自らの中に「やりがい」を見つけることで、周囲に左右されず自走できる状態を表している。

この第1から第4フェーズは、いわば、点→線→面→立体に変化していく様子と似ている（下図）。つまり、第1フェーズでは、自分のAbleはまだ点であり、それぞれが独立した存在だ。しかし、第2フェーズでは、一つひとつのAbleの質を高め、量を増やすことで、それぞれが線となってつながっていく。第3フェーズでは、その線が面になり、第4フェーズでは、さらに立体になることで、より大きなパワーになる。

情熱に火がつく頃には、周囲からどう見られるかとか、人事考課でどう評価されるかといった"小さなとらわれ"は、さほど気にならなくなる。「やりたい」という内なる動機が自らを後押しし、夢中になって仕事に取り組めているからだ。むしろ、仕事を通じて世の中をどう豊かにできるのかと、関心が本質的なものへと向かうようになる。いわゆる「フロー状態」である。

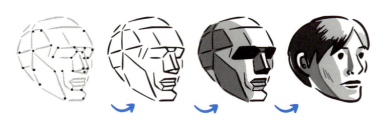

Ableの点が線に、線が面に、そして立体となる

第 2 章 「好き」と「できる」の関係性

≫ Able とフローの気になる関係

「フロー（Flow）」とは、ポジティブ心理学の重鎮とされるミハイ・チクセントミハイ氏が提唱した概念である。何かに夢中になってのめり込み、他のことを忘れてしまうような心理状態をさす。

人はフロー状態にあるとき、目の前のことに無理なく集中できている。また外からの刺激のみならず、自意識からも遠ざかることで、創造性が高まっている。高いパフォーマンスを発揮することからエンゲージメントも高まり、結果、自分の限界を

フロー状態とは？

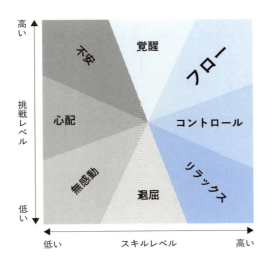

超えていくことになる。

　チクセントミハイ氏によれば、フローは誰にでも起こり得る体験である。研究のためにこの感覚に至った人々にインタビューを行ったとき、何人かが「流れに乗っている感じ」と表現したことから、フローと呼ばれるようになった。

　同氏は著書『フロー体験 喜びの現象学』（世界思想社刊）の中で、人が最もいきいきとした経験をしている（すなわちフローに入っている）とき、複数の要素が関係すると述べている。

①達成できる見通しのある目標に取り組んでいる
②自分の行動に集中できている（注意を削ぐ要素がない）
③明確な目標の存在
④直接的なフィードバック（アクションに対しレスポンスがある状態）
⑤意識から日々の生活の気苦労や欲求不満が取り除かれた状態
⑥自意識の消失
⑦時間の経過感覚の変化

『フロー体験 喜びの現象学』
（M・チクセントミハイ著、今村浩明 訳／世界思想社刊）より筆者要約

　①に関連して、チクセントミハイ氏は人間の精神状態（メンタルステートメント）を前ページの図に示すように、8つの状態に分類した。ここで注目したいのは、スキルレベルと挑戦レベルが共に高い状態にあるときにフロー状態に至るという点である。

第 2 章　「好き」と「できる」の関係性

　この考察は非常に興味深い。なぜならスキルが熟達していない状態、すなわち Able が未熟なうちは、どの挑戦レベルにあってもフローに行きつくことはないからだ。
　極端に言えば、簡単にできてしまうようなことであれば、それを好きだからと言ってフローな感覚を得ることはない。フローを引き起こす条件の⑦のように、取り組みに対する本質的なやりがい、好ましい感覚がなければ、やはりフロー状態にはなれない。

　またチクセントミハイ氏は、「快楽」と「楽しさ」という2つの概念は"快い"という意味で一部重なるが、楽しさは新たな感覚、達成感覚を得る点で、違いがあると指摘する。たとえばゲームで接戦を制したときや、いくつもの困難を乗り越えてプロジェクトが成功したとき、バックグラウンドや価値観の異なる人との対話を通じてわかり合えたときなどは、楽しさの感覚を得ることになる。
　これらのシチュエーションの最中は特に快いわけではなく、むしろ、どうしてこんなに大変なんだ、もっとラクにできたら良いのに、と苦しい感覚に襲われることも少なくない。
　だが事態を乗り越えた後に、「面白かった」と振り返る。取り組む以前より成長し、複雑化した、新たな自分と出会えるからだ。そして今までになかった成功の実感を得ると、またふたたび自己変革につながる山に挑戦したくなるのである。

対する快楽は人々の欲求を満たし、生活の質を構成するうえで欠かせないものではあるものの、満足できるのは一瞬で、それ自体は幸福をもたらさない。自己の心理的成長に作用するものではないからだ。もし生活に不自由しない収入、社内での肩書、政治的権限を手にしたところで"働く喜び"を感じられないというのであれば、楽しさよりも快楽の追求に比重を置いているのかもしれない。自分の胸に手を当てて、考えてみてほしい。誰かと自分を比較したり損得を計算したりと利己的な段階を超えて、仕事を純粋に楽しめている人の周りには、やはり人が集まって来る。「この人と一緒に仕事をしたら、きっと面白くなるに違いない」と思えるからだ。

　当然ながら「良い偶然」が起こる確度は高まり、さらにチャンスは広がっていく。このようなALPAが循環する状態が続けば、第1章で述べた「HAMの法則」（25ページ）につながっていく。

　『プラダを着た悪魔』という映画をご存じだろうか？
　2006年公開の映画で、メリル・ストリープが演じるファッション誌の編集長ミランダ・プリーストリーと、アン・ハサウェイが演じるそのアシスタント、アンドレア（アンディ）・サックスの関係が描かれている。
　私はこの二人の関係は、ALPAr（アルパー）同士が引き寄せあった好例だと考えている。鬼編集長と周囲から恐れられるミランダは、仕事に厳しく妥協を許さない。映画では、嵐の日

第 2 章　「好き」と「できる」の関係性

に飛行機を飛ばせだの、『ハリーポッター』の未刊行の原稿を手に入れろだの、いわゆる「無茶ぶり」が目立つのだが、仕事に対する向き合い方やポリシーは一本筋が通っている。だからこそ、アンディも彼女のもとでの「修行」に食らいついていくのだ。

　映画の後半で、ミランダが編集長の座を追われそうになった際にアンディがその策略に気づき、ミランダにどうにかして伝えようとする場面では、単なる上司への気遣いを超えて、アンディがミランダを尊敬し、どうにかしてその窮地を救いたいと思っていることがわかる。

　最終的に、ミランダに鍛えられたアンディは彼女のもとを離れ、もともと志望していたジャーナリズムの世界に飛び込む。ミランダは次の就職先に「あの子を雇わなかったら、大バカ者よ」という最高の褒め言葉を伝えており、これも ALPAr（アルパー）同士の強い結びつきを示しているのではないかと私は考える。たとえ同じ場所で一緒に働いていなくとも、二人は心がつながっているし、お互いに影響を持ち合っている。

　人生の中で、お互いを「本物」だと尊敬し合える人とつながることができるのは、とても幸せなことだ。たとえ、ビジネス上での直接的なメリットがなくとも、世の中を良くする方向に変えていく「同志」として、お互いの存在に支えられる部分が多いだろう。

　始まりは自分すらも気づいていない、本当に小さな Able か

もしれない。しかし「できる」の精度を高めていくと、自信と共にLikeという感情が芽生えてくる。そしてAbleをさらに磨き続けると、周囲の賞賛と共にもっと大きくて、難度が高く、影響力のあるチャレンジが立ちはだかる。その機会に誠実に向き合い、謙虚な姿勢で情熱を傾けるうち、また新たなAbleを手にしていくのである。

明日から取り組める3つのチャレンジ

1 ■ LikeからPassionへ変えるための下準備
現在の仕事で「好き」だと感じる部分をさらに深掘りし、情熱（Passion）に変えるためのアクションを取る。具体的には、好きな業務に関する専門知識をさらに深めたり、自分のアイデアを業務で試してみることで、自分の仕事に対する熱意を高める。このような積極的な取り組みによって、仕事に対する「好き」が「情熱」へと進化する可能性がある。

2 ■ Like-Seekerにならないために
「好きなこと」を見つけることばかりに固執せず、まずは与えられた仕事に対して地道に取り組む姿勢を持つ。定期的に「今の仕事で何ができるようになったか」「どのスキルが向上したか」を振り返ることで、少しずつ自信を持ち、結果として仕事に対する「好き」が生まれるようにする。

3 ■新しい視点を取り入れる
業務の枠を超えた多様な経験を積むことで、今まで気づかなかった自分の可能性を発見する。たとえば、業務外でボランティアや趣味の活動に参加することで、新しい視点やスキルを得ることができる。このような多様な経験が、キャリアの幅を広げ、予想外のチャンスを生み出すきっかけとなる。

できるようになったけれど、好きではない場合は……？

Ableを大きくしていくこと、それによってキャリアを築いていくことの重要性はなんとなくわかったと思います。

私にも1年前から比べると「Able（できるようになったこと）」はたくさんあります。でも、どれも別にそれほど好きではありません。正直、その作業自体は好きでも嫌いでもありません。でも、gALfの考えだと、できるようになったなら、好きになるべきですよね？ もしそれを好きになれないのであれば、他の道を探したほうが良いでしょうか？

無駄な努力はしたくないし、できれば最短距離で成果まで到達したい。自分が費やした時間に対して見返りを求めるのは当然じゃないですか？

》 Able から Like にはすぐには変化しない

　質問に答える前に、まず、断っておきたいのは、**gALf サイクルを回せるようになるにはある程度、長期の時間軸で捉える必要があるということだ。** gALf が扱うのは行動や思考の特性、要は習慣や判断のクセに近い。「これをやったから gALf になった」というものは存在しないし、gALf（あるいは ALPA）が回っていると感じられるタイミングも個人差がある。

　したがって、特別好きなことではなくても、余程嫌いでない限りは与えられた仕事にまずは取り組んでみることは重要だ。そこから Able（できる）を増やしていくことで、その仕事に対する見方が変わることは十分にあり得る。

　たとえば数字を見るのがイヤでイヤで仕方がない人が、計算技術を問う仕事を「できる」ようになって「好き」になる見込みは低いと思う。けれども「データをビジュアライズする仕事」に就いたとしたら、どうなるだろうか。

　確かに最低限の統計理論は勉強する必要があるだろうから、その過程は好きにはなれないかもしれない。けれども自分と同じように数字を敬遠してしまう人でも理解できる、データの表現技法を編み出した（Able）ときには、きっと仕事の面白さ（Like）を見出しているに違いない。もしかしたら、「数字が苦手」なことが、強みになっている可能性すらある。

第 2 章　「好き」と「できる」の関係性

　さらにスキルを磨き、経営や事業が"欲しかった"データをわかりやすく提示できるようになる頃には、周囲の信頼を獲得していることだろう。周りからの賞賛と感謝は、自信を深め仕事に対する使命感、すなわち情熱（Passion）に火をつける。そして、データビジュアライゼーションの探究を深めていくうち、新しい機会と Able の獲得につながっていく。

　今や計算技術そのものは、人間よりも機械のほうが優れている。物理や経済の専門家でもない限り、無理にできるようになる必要はなくなっているかもしれない。そういう意味でいえば、テクノロジーの進化は Able のハードルを下げてくれる側面もあるといえる。

　このような話をすると、**「せっかくできるようになったのだから、これらを好きにならなければ……」というある種の強迫観念にとらわれてしまう人がいる**。ここまでやったんだから好きにならなきゃ「もったいない、時間を無駄にしてしまったのではないか」という感情だ。

　この強迫観念の背景にはある種の「効率主義」的な側面があるように感じる。タイムパフォーマンス（タイパ）という言葉が Z 世代を中心に流行しているとも聞く。つまり、時間を投じたのだからそれを回収しなければ、という感覚だ。しかし、それに縛られると、かえってキャリアを形作る「偶然の出来

事」を感じ、活かす余地がなくなってしまう。できることを増やし、深める過程のなかで、小さな心の動きを見逃さないこと。そして、その中で好きになれるものがあれば良いな、というくらいの、**ある種の「のん気さ」や余裕も必要だ。**

　既に自分の中に存在している「好き」という枠にはまるか、はまらないかで考えるのではなく、対象の面白さや魅力を掘り起こし、新しい価値として受け入れる姿勢である。要はAbleを鍛えていく中で好きを進化させるような態度で、自身の価値観が変わっていくことを厭わずに楽しむのである。

》Ableを手に入れること自体が偶然から始まる

　gALfは偶然の出来事を機会と捉え、自身の成長につなげる、できることの幅を広げることで、その人ならではのキャリアを築いていくというモデルである。では、どんなAbleをどのように大きく深くしていくのか、具体的にはどういうことなのか、解像度を上げるために、ここで例を挙げよう。80ページの図に記したのは、ある架空の人物の偶然の出来事とAbleを模式的に表したものだ。

　モデルとなるのは大学で情報工学を専攻し、大手自動車メーカーに就職した女性である。彼女は配属先の車載ソフトウェア開発部門で経験を積み、組込みシステムの設計やプログラミング、プロジェクトマネジメントなど、エンジニアとして活躍するのに必要なレベルにまでAbleを引き上げた。

第 2 章　「好き」と「できる」の関係性

　ここで彼女は、人生を変える偶然に出会う。
　社内の自動運転技術の研究プロジェクトに参加する機会を得たからだ。そこから AI と機械学習に興味を持った彼女は、より知識を得ようと働きながらオンラインコースで学ぶようになる。自動車産業とは異なる分野でも、AI の応用可能な領域が興味深く、彼女は勉強にのめり込む。そして得たのが、AI を活用したソフトウェア開発という新たな Able である。

　彼女の Able の進化は、ここで終わらない。
　というのも、また新たな偶然の出来事に遭遇したからだ。大学時代の友人と、AI を活用した教育サービスのスタートアップを始めることになったのである。AI の可能性について語り合ったときに意気投合したのがきっかけだ。二人とも起業の経験はなかったが、起業家向けのアクセラレータープログラムに参加し、事業計画やピッチの仕方について学んだ。そしてベンチャーキャピタルからの出資を得て起業につなげる。大企業での実務経験が評価されたのも、資金調達を成功させる要因となった。

　サービス開始当初はどうなるかと不安もあったが、「AI で個別最適化された学習プランを提供する」というコンセプトが受けて、利用者数は順調に伸びていった。この頃には大手自動車メーカーを退職していたが、事業を軌道に乗せるのに友人と 2 人では人手が足りない。AI エンジニアやデザイナーなどを採

用することになり、彼女は技術開発に加え、組織マネジメントやリーダーシップのAbleも獲得することになる。

だが、彼女の身に起こるのは良いことばかりではない。コロナウィルスによるパンデミックの影響で教育現場のデジタル化が加速し、競合他社が続々と参入してくる。差別化を図るため、VR（仮想現実）技術などを活用した没入感の高い学習体験の提供や、学習データの分析に基づくカリキュラムの最適化など、新たな取り組みを始める。

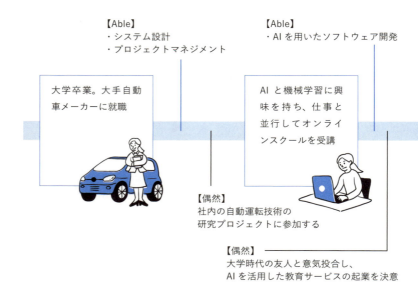

第 2 章 「好き」と「できる」の関係性

　初めてのことばかりで最初こそ苦戦したが、ユーザーの声に耳を傾け、トライ＆エラーを繰り返しながら、少しずつサービスを改善していった。世の中の変化に合わせて新しい技術を取り入れる一方で、「一人ひとりに合った学びを提供する」という創業時からの理念は変わらず守り続けた。気づけば彼女は、EdTech業界で存在感を放つ企業の経営者になっていた。またひとつ、Ableが増えたのである。

　この例からは、大企業で培ったAbleを起点に、新たな興味や関心に挑戦し、Ableを広げていく姿が描かれている。彼女

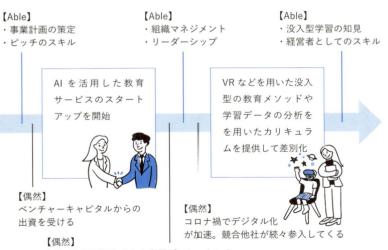

のキャリアの軸には「テクノロジーの力で、人々の可能性を引き出したい」という信念が一貫して流れているのがわかる。キャリアの選択肢は一つではないが、その時々の偶然の出会いを大切にし、芯を持ちながら柔軟に挑戦を重ねることで、ユニークな道を切り拓いていくことができるのではないだろうか。

　いかがだろうか。架空の人物ということもあり多少極端な例ではある。だが、このモデルは大手自動車メーカーでのエンジニアとしての Able を起点に、偶然の出来事から芽生えた興味や関心に怯まず、柔軟にチャレンジを重ねた結果、Able を広げていった。

　彼女ははじめから「AI を活用した教育サービスの経営者になりたい」と、逆算的にキャリアを積んだわけではない。けれども辿って来た道には芯が一本通っている。
　彼女は AI について学んだことを、別の形で生かすこともできたはずだ。たとえば大手自動車メーカーを辞めずに続けていたら、自動運転技術の実用化プロジェクトでリーダーシップを発揮し、AI を活用した安全運転支援システムの開発を推進するといった可能性もあっただろうし、途中で独立し、AI コンサルティングファームを立ち上げるという進路も考えられる。

　大学卒業からのキャリアの途中で、どこか一つでも別の選択をしていたら、「EdTech 業界で存在感を放つ企業の経営者」

というキャリアには行きつかなかった可能性は高い。人生で獲得する Able の大半は、偶然の出来事の積み重ねによるということが、おわかりいただけただろうか。

明日から取り組める 3 つのチャレンジ

1
■**タイムパフォーマンスにとらわれすぎない**
効率を重視しすぎると、偶然のチャンスを見逃す可能性がある。仕事や学びに時間を投じる際には、短期的な成果だけを求めるのではなく、長期的な成長や新しい発見を楽しむ姿勢を持つことが重要だ。意図的に「ゆとり」を持ち、思わぬ偶然の出会いや発見に心を開く余裕を持つことが求められる。

2
■**好奇心を持ち続け、既成概念を打ち破る**
既存の枠にとらわれず、常に新しい視点や方法を探求する姿勢を持つことが大切だ。日常業務でも「なぜこの方法なのか？」と問いかけ、自分なりに改善や革新を試みることで、新しい価値を生み出せる可能性がある。

3
■**成長の過程を楽しむ心構えを持つ**
目標に到達することだけを意識するのではなく、そこに至るまでのプロセス自体を楽しむことを心がけよう。成長や学びの過程で直面する困難や挑戦も、長期的には貴重な経験となる。小さな成功や新しい学びを喜び、その積み重ねが大きな成長へとつながることを理解することで、より持続的に努力を続けられるようになる。

目の前のことに
一生懸命取り組めば
gALf になる？

　ここまでの説明を受けて、置かれた環境の中で一生懸命過ごせば、gALf への道は開けると感じました。

　先が読みにくい世の中ですし、キャリアの正解探しをしても意味がないのも理解しました。だから、目の前にある仕事を、がむしゃらに一生懸命取り組むことが重要ってことですよね？

第 2 章　「好き」と「できる」の関係性

》がむしゃらに頑張っていれば良い
　という話ではない

　できない（Unable）ことをできる（Able）に変える過程において、なりふり構わず没頭する、経験を重ねる、周りの目を気にせずに挑むことは重要である。Honmono（本物）の仕事の域に達するには、人並みの熟達では物足りない。「この仕事は○○さんでなければ」と、思い起こされるようなレベルにまで Able を磨き上げるとなれば、半端な気持ちでは成し得ない。だから情熱（Passion）が問われるのである。

　だが質問で語られている"一生懸命"は、ニュアンスが異なる。この質問には、「与えられた仕事に集中さえしていれば、人生、悪いようにはならない。会社や社会がなんとかしてくれるのでは」という意図が含まれている。これに対する答えは、残念ながら NO である。

　戦後、日本企業はメンバーシップ型雇用と呼ばれる、新卒一括採用・年功序列・終身雇用という雇用慣行を実施してきた。工業・製造業中心のピラミッド組織はこの構造がうまく機能し、均質のものを大量に早くミスなくつくることができたし、その結果、日本の高度経済成長を支えたのは紛れもない事実だ。
　しかし情報が産業の主力となり、柔軟性高く臨機応変に、常に形を変えながらクリエイティブに活動し続けることが求めら

れる社会では、所属する一人ひとりのエンパワーメントが問われる。働き手自身が仕事を通じてどのような価値を届けるかを考えながら、主体的に働く状態になければ、事業体そのものが縮小してしまう。「伊藤レポート」で知られる、一橋大学CFO教育研究センター長で経済産業省の人的資本経営にまつわるプロジェクトの座長を務める伊藤邦雄氏は、メンバーシップ型雇用によるぬるま湯体質の組織が持つ居心地のよさを、**「悪性安心感」**と表現した。

ジョブ型雇用が中心で転職も盛んな欧米では、優秀な人材に対して待遇の充実や、スキルアップの機会提供に力を注ぐ。主体的にキャリアを築く人材であれば、自身を磨く場に身を置きたいものである。彼らに抜けられたら困るがゆえに、ハイパフォーマーの心理や志向を考慮すると同時に、また優秀な人材が力を発揮できる組織となることで、企業活動の成功と発展を図る戦略だ。

対する日本特有の雇用の仕組みは、逆の動きをもたらす。経営側は中長期的な雇用を保証することで、「働き手が簡単に辞めるはずがない」と慢心してしまった。ゆえに人の成長や働き甲斐に対し、十分な投資を図ってこなかった。また雇用される側も、「クビを切られることはない」と自己研鑽を怠った。外部環境への感度は麻痺し、自身の市場価値を客観的に見られなくなる。

ここ数年、大手を中心にこれまでの雇用形態を維持するのは厳しいと、新たな人事制度の導入が進みつつある。会社と働き手の関係は対等になりつつあり、会社は「自分の人生を預ける場」から、「自分の可能性を試す場」へと変わり始めている。

メンバーシップ型雇用とジョブ型雇用が混ざり合う中、私は**「良性危機感」**に基づく行動を提唱したい。つまり、それがgALfな生き方だ。新しいやり方や知見を取り入れたり、まったく異なる世代や価値観の持ち主と接点を設けたりするなどして、自己研鑽を欠かさない。将来を見据え、自身を陳腐化させないことで、自分のAbleを大きくし、常にアップデートし続ける人材だ。

》 ジョブ・クラフティングのススメ

そうは言っても、「Ableは探すものではなさそうだし、Likeに固執するのはよくないらしい。さらにはがむしゃらに頑張れば良いという話でもない。一体、どうすれば良いんだ!」と戸惑うのも理解できる。ここにgALfがメソッドではなく、行動や思考の特性モデルという難しさがある。

ひとつ言えるのは、**人生の主導権を取り戻すことだ。**今ある"与えられた仕事"を「"自分の仕事"にするにはどうするか」を考え、自発的に工夫を凝らしながら取り組むことを**ジョブ・クラフティングと呼ぶ。**

ジョブ・クラフティングとは、2000年初頭にアメリカのイ

ェール大学経営大学院のレズネスキー准教授と、ミシガン大学のダットン教授によって提唱された概念で、働き手自らが仕事に対する受け止め方や行動を能動的に変えていくことをいう。自分に合った形で仕事を進められるようになり、組織へ良い影響を与え、主体性が高まることから、やらされ感の軽減、エンゲージメントの向上、生産性の向上、自身の強みの理解につながるとされる。

レズネスキーとダットンの両氏は、ジョブ・クラフティングは３つの視点から仕事の見直しを図ることを提案する。

1 仕事の取り組み方
プロセスやオペレーションなど仕事の方法を見直し、業務の精度や効率を高める

2 人とのかかわり方
仕事で関わる人との関係性、コミュニケーション、接し方を工夫し、良好な人間関係と業務のスムーズな遂行、仕事の満足度を高める

3 仕事の意味・意義
仕事の全体像や社会との関わり、自身の関心とのつながりを考え、自身が携わる仕事の目的や意義を再確認する

実際には今抱えるタスクを洗い出すと同時に、自身が今の仕事に就く動機や、強み、仕事に対する思いなども明らかにして

いく。そのうえで具体的な改善や工夫を計画し、実行に移していく。

　個人単位でできるジョブ・クラフティングもあるが、自己分析や工夫のアイデアが主観的なうえ、改善のスケールも小さくなりがちだ。できればチームやプロジェクトでワークショップを企画し、インタビューや意見交換によって多面的な視点を取り入れ、チーム全体で進めるのが望ましい。

　またジョブ・クラフティングの要は、働き手自身の能動的な業務変革にある。既存のルールやマニュアル、上意下達の人間関係、過去の実績、暗黙の了解、常識といった"とらわれ"をいったん外して検討することがポイントとなる。

　ジョブ・クラフティングを凝らした仕事は、誰かが決めた、誰かから指示されたものとは違い、「自分で仕事を動かしている」と実感できるはずだ。それが自分自身のALPAサイクルを回すことにつながってくる。
　とにかく何でもかんでも粘り強く取り組め、と言うつもりはない。**望ましい未来に向けて、今の自分に何が足りなくて、何が必要なのかを直観的に捉える力は、良い偶然を導くうえで必須の要素**である（第4章参照）。そのうえで、偶然を大切にしながら、人、物事に限らず新たな出会いを生かして経験値を増やしていくことがgALfの好循環と言える。

》》 Able を手放す勇気

　この章の最後に、gALfな生き方をしている人のもうひとつの大きな特徴を改めて述べておきたい。それは**「獲得したAbleに固執しない」**ことだ。ALPAサイクルの循環というと、最初のAbleがどんどん成長して拡大・高度化するイメージがあるが、成長の形はひとつではない。

獲得したAbleに固執していない？

　本章で、「大手自動車メーカーに勤務していた女性エンジニア」というモデルを取り上げた。偶然の出来事によるキャリアの変遷とAbleの広がりを紹介したが、もうひとつ注目すべき点がある。それは彼女が過去のAbleに固執せず、興味に従い

リスキリングを図っていることだ。その結果、車載ソフトウェア開発とAI、起業家、EdTechサービス運営という、一見結びつかない領域でのAble獲得につながっている。

彼女がもし大手自動車メーカーで得たAbleにこだわり、手放すことを恐れていたら、いくら大学時代の友人と意気投合したとはいえEdTechスタートアップを立ち上げようとはしなかったはずだ。獲得したAbleへの執着は、機会の損失につながりかねない。

だがAbleを手放すといっても、過去の経験が丸々無駄になるケースは実際には少ない。この女性エンジニアの例でいえば、EdTechサービスが業界で存在感を放つようになったのは、AIについての専門知識に加えて大手自動車メーカーでのソフトウェア開発の経験もあってのことだ。自動車の制御システムは安全性や信頼性、リアルタイム性が求められる。ミッションクリティカルな領域で鍛えたシステム設計力と、大規模プロジェクトでの開発経験で培ったマネジメント力は、EdTechサービスのプラットフォーム構築や事業運営に役立ったに違いない。過去に得たAbleとの掛け合わせによって、独自性の高いAbleへと昇華する点にもぜひ注目してほしい。

この例のようにジョブチェンジをしない場合でも、Ableへの固執は禁物だ。gALfに生きるプロフェッショナルは、常に

研鑽を欠かさない。

　たとえば世界の流行をつくり出すデザイナーも、市場を無視した創作はしない。ファッションに限らず、政治や経済、環境、アートまで幅広く見渡し、世の中からインスピレーションを受けて、今までにないアウトプットを生み出す。一発ギャグをきっかけにブレイクしたお笑い芸人も、試行錯誤とアップデートを繰り返した人だけが10年後も生き残る。過去の栄光だけで勝負するなど、あり得ないのである。

　過去のAbleが通用しないことは、IT業界に身を置く人たちなら痛感しているはずだ。恐ろしい勢いで進化を続け、次々と規格が変化し、新たなサービスとトレンドが生まれる世界である。最初に身につけたスキルが、数年後には通用しないと言ったことも起こり得る。Ableを磨かないことは、死活問題に直結するのである。

　だがこうした現象は、もはや業界に限った話ではない。**なぜなら世の中のあらゆることが、デジタル化しつつあるからだ。**喫緊の社会課題としてリスキリングが取り上げられるのも、そうした背景がある。

　既に手にしたAbleを手放すのは、勇気のいることだ。なぜなら既存のAbleでできる仕事はラクで、変化は苦痛を伴うこ

第 2 章 「好き」と「できる」の関係性

とも多いからである。特にスピードや正しさを問われる中では、新たな手法を取り入れることに抵抗をおぼえる人もいる。

けれども、快適さに甘えてはいけない。日本が世界においてデジタル化に大きく後れを取ったのは、新しいシステムへの適応を恐れ、古い慣習に固執したからだ。変わることを嫌がるマインドでは、いくら高い技術力があったとしても生かすことができないのである。

あなたは過去と現在の Able に固執し、自身の才能を殺してはいないだろうか？

Able を増やしたり手放したりする過程では、不確定で不確実な要素も多く含まれる。たとえば DX に対応するためにデータアナリティクスを学び始めたとして、そこで得た知識がその先の仕事やキャリアにどのような形で生きてくるかなど、誰もわからないだろう。データアナリティクスの専門領域ならともかく、教養の範囲内での学びだとしたら、学習内容のほとんどは仕事に直接反映される可能性は限りなく低い。

それでも学び続ける人と諦める人がいるのは、ALPAr 的な態度が関係しているのではないだろうか。「良い偶然」にめぐり合うのは当然ながら前者である。
つまり、学習したことが直接仕事につながらなかったとして

も、別の要素との掛け合わせでインプットが化ける場合もある。数年後のキャリアアップに関係したり、当時は想定していなかった業務にアサインされたときに学びが生きたりというように。繰り返しになるが、短期的な視点ではなく、長期的な視点でgALfの好循環を起こしていくことが重要だ。

明日から取り組める3つのチャレンジ

1 ■ジョブ・クラフティングを実践する
現在の仕事を「自分の仕事」にするために、工夫を凝らして取り組む。具体的には、業務プロセスの見直しや人との関わり方を工夫し、仕事の意味や意義を再確認する。自分の役割を再定義し、主体的に仕事を進めることで、仕事に対するエンゲージメントを高める。

2 ■Ableに固執せず、リスキリングを進める
これまで身につけたスキルや経験に固執せず、新しいスキルを積極的に学び、適応することを目指す。過去の成功に縛られず、常に自分のスキルセットを更新することで、変化する市場や業界に対応できるようにする。

3 ■「良性危機感」を持ち、自己研鑽を続ける
安定に甘えることなく、自分の市場価値を高めるために継続的に自己研鑽を行う。新しい知識やスキルを学び、外部環境の変化に敏感であることが重要だ。これにより、キャリアの機会を逃さず、自分の成長を持続させることができる。

第 3 章

「やり抜く力」とは？

Q

「やり抜く力」って根性論？

　gALf の "g" は GRIT にあたると、第 1 章で説明がありました。

　そもそもここでいう GRIT とはいったい何なのでしょうか。

　できること（Able）が好きなこと（Like）に変わるまで「やり抜く」というイメージですか？「やり抜く」と言われると、なんだか精神論や根性論のようで、あまり好きになれないのですが、どういう意味なのでしょうか。

》IQの高い人が良い成績をとるとは限らない

　子どもの頃でも学生の頃でも良い、友達と一緒に習い事や部活を始めたときのことを思い出してほしい。水泳でも音楽でも、ダンスでも、マンガを描くでも、ゲームや英会話でも良い。二人ともまったくの未経験で、スタート地点はほぼ同じという状況であれば、なお良い。

　趣味の世界も、仕事と似ているところがある。かっこよくプレーする姿や、人を魅了する作品に憧れて手を出したものの、サクサクと進むのは最初のうちだけ。早々に壁に突き当たる。
　クロールの息継ぎにギターのFコード、縄跳びなら二重跳び、体操なら逆上がりや倒立前転だろうか。挫折するか否かの分かれ目で、乗り越えると一気にハマる山場のようなものが存在する。

　あなたはこの山場に、どのように向き合ってきただろう。自分には無理だと匙を投げ、新たな興味を探す旅に出ただろうか。それとも周りが早々に脱落する姿や、逆に悠々とこなしていく姿には目もくれず、周りにどう見られようともできるようになるまで特訓を重ねるタイプだっただろうか。あるいは適当にごまかして、その場をしのいでいたという人もいるかもしれない。

　この違いに目をつけた人がいる。

ペンシルベニア大学心理学教授の、アンジェラ・ダックワースである。ダックワースは数学の教員をしていた頃、**生徒の数学の成績が必ずしも IQ と一致しない**ことに気づく。頭の回転の早さが抜群で、授業中に次々と問題を解く生徒が学期末に良い成績を収めていたかといえばそうとも限らず、逆に問題が解けずに苦労していたがダックワースの予想以上に良い成績をとった生徒が何人もいたのだ。そして後者は決まって勤勉に取り組み、すぐに理解できなくても授業以外の時間に質問を重ねるなど努力家だったという。

　教員生活を続ける中で、ダックワースは運命を決めるのは、才能以上に努力のもたらす成果によるものではないだろうかと考えを改める。そして各界の第一人者にインタビュー調査を重ねる中で、社会的に大きな成功を収めた人たちには、断固たる強い決意があること、粘り強く努力家であること、自分が何を求めているかを理解していることの点で共通していることを見出す。すなわち GRIT（グリット）、日本語にして「やり抜く力」が強いというのだ。

》GRIT を構成する 4 つの要素

　第 1 章でも述べたとおり GRIT は 4 つの要素から成り立ち、GRIT の 4 文字はそれぞれの頭文字である（右図）。
　ダックワースは自著『やり抜く力——人生のあらゆる成功を決める「究極の能力」を身につける』の中で、GRIT のことを

第 3 章 「やり抜く力」とは？

Resilience（復元力）

何があってもめげない。失敗してもあきらめず、立ち直り再びチャレンジするしなやかさ。逆境に負けず、今の環境にうまく適応して生き抜く力。

Gut（闘志）

困難に立ち向かう度胸であり、経験のないことや目の前の壁も乗り越えようとする意思。敬遠されがちなテーマや、すぐには解決できない課題にも取り組む。

Initiative（主体性）

率先して物事にあたり、主導権を握る。自らねらいを設け、目標に向かって行動を起こす。

Tenacity（執念）

物事を最後までやり遂げる。どんなことがあっても、目標に集中し続ける。

「粘り強さ」と「情熱」と表している。

　確かにGRITの4つの要素は、いずれも粘り強さと情熱に深く関わるものだ。そして各界のトップレベルにある人たちは、長期にわたって一つのことに集中して取り組む。ダックワースは進化論で有名なダーウィンを例に、偉人たちの驚異的な粘り強さを説明する。彼の自伝や伝記からは、その一片が垣間見ることができるという。

> 「私がふつうの人より優れている点は、ふつうなら見逃してしまうようなことに気づき、それを注意深く観察することだろう。観察にかけても、事実の集積にかけても、私は非常に熱心にやってきた。さらに、それにも増して重要なことは、自然科学に対して尽きせぬ情熱を持ち続けていることだ」
> 「難問にぶつかると、ふつうの人は『またあとで考えよう』などと言って、たいていはそのまま忘れてしまう。ところがダーウィンには、そういういい加減さを自分に許さないようなところがあった。彼は突きとめたいと思っている問題は、すべて頭の片すみにとめておき、少しでも関連のありそうなデータが表れたら、いつでもすぐにその問題と突き合わせることができた」
>
> （アンジェラ・ダックワース著『やり抜く力──人生のあらゆる成功を決める「究極の能力」を身につける』〈ダイヤモンド社刊〉より）

　ダーウィンの話は例に過ぎない。だがgALfの好循環を得て

いる、つまりは「偶然や機会を見逃さずに Able を進化・深化できる」状態の人には、決まって GRIT がある。

　自分の人生のテーマになるような、夢中になるものを見つけ、興味を失うことなく信念に従って生きている。そして前に立ちはだかる困難に怯むことなく、思うように進まないことがあってもあきらめることはない。その時点では一歩後退したように見えても、長きにわたって取り組み続け、最終的にはこれと決めたことを成し遂げているのである。

　前項で問いかけた、子どもの頃を思い出そう。趣味でも勉強でも何か新しいことを始めたとき、短いスパンでは器用にこなせる子のほうが上達も早いように映る。
　だが数年経ってみれば、練習熱心だが、はじめのうちはつまずいてばかりで周りに後れをとっていた子が、いつの間にかレギュラーの座を不動のものとしていた、といったことはないだろうか。あるいは成長するにしたがって形を変えたとしても、子どもの頃の経験を原点にして取り組み続けているような、たとえば児童会でのボランティア活動に熱心だった子が、大人になって社会起業家になっているなどもあるだろう。

　程度の違いはあるにせよ、彼らには共通して「やり抜く力」が備わっているといえる。

>> "ひと皮むける体験"に挑むには

ではなぜ gALf の「g」は小文字なのか？ ここは重要な観点である。

　情熱を注ぎ一生をかけて取り組む仕事に巡り合えるかは、いかに Able を育てるかにかかっている。そのときカギとなるのが「やり抜く力」、すなわち GRIT だが、第2章でも述べたとおり、gALf の中核はあくまでも A と L、つまり ALPA サイクルである。GRIT という強力なサポーターを味方につけて、良い偶然を起こす ALPA サイクルを起こしていくのだ。GRIT はあくまでも良い偶然に近づく補助であり、「やり抜く力」だけで働きがいや生きがいにつながるわけではない。よってgALf では GRIT の G を小文字（g）で示している。

　第1章で紹介した右の図を改めて見てみよう。
　ここで注目したいのは、gALf の g から A に向けて出ている手の存在である。g が A を支えていることがわかるだろう。つまり GRIT は、Able をサポートする役割にあたる。

　第2章で、Able（できる）は仕事上の能力やスキルだと定義した。そして仕事を好きになること（Like）や、夢中になって物事に取り組む情熱（Passion）の前提にあたると説明した。
　好きなことを仕事にする（Like → Able）ことにこだわるのではなく、できることを増やしたり高度化したりすることで仕

第 3 章 「やり抜く力」とは？

人生に良い偶然を呼ぶ「gALf」

GRIT：Able を下支えする「やり抜く力」　　　　foresight：人生の羅針盤

事が好きになり（Able → Like）、周囲から必要とされたり感謝されたりして情熱を持って取り組めるようになる、さらにこの循環によって成長や出会いの機会に恵まれ、精神的にも経済的にも安定したキャリアを築ける。

しかしこの Able の獲得が、言うは易く行うは難しである。
　今の時点で自分が十分に持ち合わせていないことを"できる"ようにするのだから。新入社員の頃を思い出してほしい。あいさつや電話の取り方やかけ方を学ぶのから始まり、仕事を覚え、自ら動かせるようになるまでに、いくつもの山を越えてきたのではないだろうか。「こんな簡単なことができないなん

て」と、社会人の洗礼を受け、自信喪失した人もきっと少なくないはずだ。

　また仕事はただスキルを身につければ良い、という話でもない。状況に応じてアウトプットの質と速さと量を担保すること、周囲と良好な関係を築き、関係する人すべてに利益をもたらすことなどが問われる。自分にとって良いだけでは、ビジネスは成立しないのである。

　Ableを増やす、大きくする過程では、失敗はつきものだ。
　もし、はじめからうまくいったというのであれば、ビギナーズラックのような、単なる好都合が重なったということがほとんどで、それは再現性に乏しい。あるいは既にAbleだったものの横展開に過ぎなかったと考えられる。何か手ごたえを感じられるような、成長体験にはつながっていないのだ。
　特に若いうちは、持ち合わせているAble自体が少なく、育っていないのだから仕方がない。ある意味、失敗を通じてAbleを増やしたり大きくする、という側面もある。目の前のことにじっくりと取り組むことで、仕事の基礎を固める時期なのだ。
　もちろんブラック企業のような、むちゃくちゃな目標設定や働き方、度を超えた理不尽や負荷はあってはならない。
　だがいわゆる〝成長痛〟と呼ばれるような、自分が試されるようなヒリヒリした体験はストレッチにつながる。そうした状況下で深くかかわってくるのが、そう、GRITである。

ここが辛抱のしどころだというとき、あなたは粘り強く取り組めるだろうか。それとも困難を前に、どうしたら逃れられるかと考えてしまうだろうか。あるいは乗り切りたいという意欲はあるけれど、心と体がついていかないという人もいるかもしれない。「やり抜く力」はAbleを育てるのに、必須の力なのである。

≫ 小さな「変」の積み重ねが成長へと「化」ける瞬間

　前の項で、Ableを築くことの難しさを説明した。できないこと、やったことのないことをできるようにするわけだから、失敗はつきものだ。

　さらに言えば、誰もがすぐにできる類のAbleでは、「あなたがその仕事をする」価値や意義は見出しにくい。一筋縄ではできないAbleが、あなたでなければできない仕事を生み出していく。その域に達するには、何度もトライ&エラーを繰り返し、知見の充実と経験値の向上を図っていく必要がある。

　Ableの組み合わせのユニークさが人生の道を切り拓く。難易度が高く、他の人が注目していないようなAbleを大きく深くし、それを複数組み合わせることで、「レア人材」になれる。ただ、「レア人材」にはすぐにはなれない。亀の歩みのように感じることもあるかもしれないが、Ableを焦らず積み上げていくことが重要だ。

　このことについて、私のビジネスパートナーである福田と

2000年に会社を立ち上げたときに、「変化」の解釈をとてもわかりやすく教えてくれたリーダーシップの専門家がいる。起業にあたり、さまざまな面から支援してくれた恩人とも言うべき人だ。

彼曰く、変化というのは小さな「変」の積み重ねだという。小さな「変」を積み重ねていくと、ある日突然「化ける」。それが「変化」だというのだ。何かを習得するとき、私たちは学習と実践を繰り返す。そのとき学びは、じわじわと自身の中にしみ込んでいく。まるで魚を燻したときに、鱗のすき間から煙がしみ込むように、鱗が徐々に色味を変えていくように。

彼はこの段階を**「燻習（くんじゅう）」**と呼んだ。

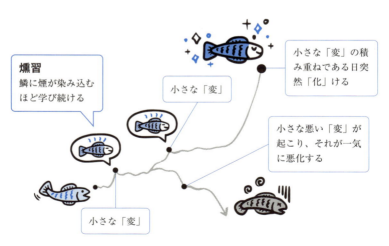

小さな「変」の積み重ねが、突然「化ける」のが「変化」

だがこの時期がなかなかに辛い。燻し具合がもうひとつだと、香りがぼんやりなうえ、素材の持ち味が生きてこない。つまり、学びの基盤が整っていないとうまく力を発揮できないのだ。

自分は成長しているのか、自分の学びはこれで良いのか、そもそもこの学びの選択が良かったのか、不安と焦りがつきまとう。なかなか芽が出ないと、ここで諦めてしまう人も出てくるだろう。

だが変は、ある日突然化けるのだ（左図）。ぐずぐずと燻って、小さく行き来していたものが、いきなりジャンプする。

私のケースを話そう。

30代前半の頃、私は国際人材育成の会社で働いていた。主に、海外研修の企画やマーケティングをやっていたので、海外の大学や語学学校とのやりとりが仕事の大部分だった。

私の同僚たちは、MBAを持っていたり、少なくとも留学経験があるような英語に関してはまったく問題ない人たちだった。その中で私は、留学経験もなく、自分なりに学んだ英語力でなんとか仕事をこなしていた。

ただ、その会社が展開していたアメリカとイギリスの学校のマネジメントにおいて、私の伝え方が誤解を生んだりすることも多く、その大きな原因の一つが英語力だった。私は1年以内に英語力を大幅アップする決意をした。「優しいビジネス英語」というNHKラジオの番組を録音し、毎日通勤やすきま時間を使って、1日4時間は英語学習を継続した。ある日オフィスに

米国の提携大学のマーケティング担当がやってきた。

　その日、自分でも信じられないくらい流暢な英語が口から飛び出たきたのである。驚いたのは私だけではなく、その場にいた数人の同僚たちもだった。
　いわゆるティッピングポイント（小さな変化が蓄積した結果、ある時点を境に劇的な変化を起こす現象）が私に訪れたのだ。
　毎日毎日英語の学びに関して、小さな「変」を起こしていた私に、ついに「化」が笑顔でやってきたのだ。その時の場面は今でも忘れられない。

　私たちはとかく、短期間のうちに顕在したもので物事を判断しがちだ。しかし潜在する変にも注目すれば、前に広がる景色は変わってくる。ポイントは期待する変化に対して、変の価値や重みを正しく判断することだ。"人並み以上"の変化を求めるならば、当然ながら「化」けるに値する「変」をそう簡単に築けるわけではない。変の質も量も、化けるまでの時間も困難もそれなりのものになる。
　そして困難な変化を遂げる過程では、多くの場合 Passion が立ち始める。燻習の過程で、目指す Able に挑む意義や自身の貢献などを、繰り返し自分自身に問い続けることになるからだ。要はここが重要で、GRIT の発揮が問われる。すなわち情熱と粘り強さをもって自ら設定した課題に地道に取り組み、Able の習得に励むという流れである。それができれば、もう ALPA

サイクルが回り始めることだろう。

　人間の能力は、階段上にステップを登りながら直線状に発達していくものではない、ということが近年の成長発達理論では明らかになってきている。
　私たちは、さまざまな紆余曲折を経ながら、環境やタスクの内容によってできたりできなかったりを繰り返しながら、実践の中でさまざまな能力を複合的に獲得し、成長していく。このような考え方をダイナミックスキル理論と呼ぶが、私はまさに「変化」のコンセプトはこれに非常に近いと感じている。できたりできなかったりを繰り返しながら、それでも自分を奮い立たせ立ち向かう GRIT な心持と態度が、表立って見えない小さな「変」を起こしていく。他人には見えないかもしれない、自分も気づかないかもしれない、その小さな「変」を積み重ねていくことで爆発的な成長に化けさせるのだ。

≫ スーパースターも受け入れる
　地味で孤独な「意図的な練習」

　ダックワースは GRIT の研究を重ねる中で、あるひとつの仮説を立てた。
　それはトップアスリートになるなどの**「達成」を得るまでに、「努力」が2度にわたって影響する**というのである。

　努力が関わる1度目は、才能を生かし「スキル」を発揮する

場面だ。ある分野でいくら並外れた才能を持ち合わせていたとしても、それを開花させる努力をしなければスキルは発揮されない。そして2度目の努力が関わる段階は、スキルを生産性につなげ、達成に至るまでである。

そこでダックワースは認知心理学者のアンダース・エリクソンに取材を試みた。エリクソンは各界のエキスパートを対象に、スキルの上達について研究を重ねている人物である。同氏はダックワースとの対話の中で、エキスパートたちに共通する「意図的な練習」を取り上げた。彼らは分野にかかわらず、次の3つのプロセスで、スキルの熟達を図るというのである。

1　ある一点に的を絞って、ストレッチ目標（高めの目標）を設定する。
2　しっかりと集中して、努力を惜しまずに、ストレッチ目標の達成を目指す。
3　改善すべき点がわかったあとは、うまくできるまで何度でも繰り返し練習する。

ここで言うストレッチ目標とは、弱点の克服や達成したことのない困難なことだ。彼らは現実から目をそらさずに、果敢に困難な目標に挑む。エキスパートたちは一人で練習するのを好み、パフォーマンスを終えると間もなくフィードバックを求める。そして完全にマスターするまで、何度も何度も繰り返すのだという。

第3章 「やり抜く力」とは？

　この話からは才能に溢れるトップレベルのプレイヤーでも、スキルの熟達と成果を上げるために、特別楽しいわけでもなく、地味で、ある意味孤独なトレーニングを地道に重ねていることがわかる。
　それからダックワースは、エリクソンとの共同研究や追加調査などを行いながら、次の考察を挙げている。
　「やり抜く力」が強い人は、普通の人よりも「意図的な練習」を多く行う。また、多くの人は自分ができないことに挑戦するのはイライラするし、不愉快だし、つらく感じることもあるが、「意図的な練習」に取り組むうち努力が報われるようになり、**努力すること自体が好きになる可能性がある**という。

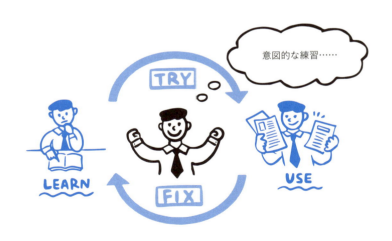

「意図的な練習」を繰り返すことでスキルの熟達を図る

❯❯ やり抜く力の発揮は、機会の獲得につながる

「やり抜く力」を発揮して努力するさまは、物事に対し誠実に、真摯に向き合う姿に映る。若干、愚直で不器用な部分もあるかもしれないが、人としての魅力を感じられるはずだ。

誰かと共に仕事をするにあたり、重視するのは能力だけではない。仕事に対する興味や関心、取り組みの姿勢に周りへの気遣い、チームとの相性や価値観の一致なども考慮する。どんなに高い能力の持ち主でも、やっぱり人柄が問われるのである。

その点、やり抜く力に長けた人物は、周囲からの信頼を得られやすい。大変だとわかっていても逃げない姿勢は周囲を勇気づけ、「この人は信用できる」と思えてくるからだ。

第1章でクランボルツの計画的偶発性理論（37ページ）を取り上げたが、その中で「キャリアの8割は偶然の出来事によって決まる」、そして「意図的な行動が、偶然の出来事を引き寄せる」という同氏の理論を紹介したのを覚えているだろうか。

「やり抜く力」は言うならば、「諦めない力」だ。

クランボルツの説は GRIT を踏まえると、自分の信念に沿って努力し続けることで、偶然の出来事をチャンス（機会）に変えることができると言える。同じ仕事なら、「この人なら大変なことがあっても、きっとやり遂げてくれるはずだ」と思える相手に任せたくなるものだ。特に重要なミッションであれば、

なおさらである。

　先に子どもの頃に夢中になったことを、大人になってもやり続けたり、形を変えて取り組んだりする例を述べたが、彼らこそ「やり抜く力」によって、良い偶然を引き寄せたのだといえる。ある事柄に強い興味を抱き、高い意欲のもとやり続けているからこそ、共通の関心を持つ仲間と出会えたり、人生を変えるチャレンジを持ちかけられたりしたのだ。そして彼らは強烈な好奇心によって、チャンスをしっかりとものにしている。

　これからの時代、さまざまな領域で機械化や自動化が進むことは明らかであり、私たち人間には、よりいっそうのクリエイティビティが求められる。仕事においても、**"その人ならでは"の「本物の仕事」による付加価値を生み出せる人が、評価されるようになるのだ**。より人間らしく働けるといえば聞こえはいいが、裏を返せば求められる仕事の質とスピードのハードルは格段に高くなるといえる。自ら仕事を開発し、オリジナルのアウトプットを世に送り出すプロセスは、並大抵のことではない。

　目の前のことに正面からぶつかり、考えて、悩んで、模索して、何度も試して、ひとつの形を見出していく。スキルだけでは解決しない、情熱を持って粘り強く取り組む「やり抜く力」がなければ成し得ないものだ。
　それに今のあなたは、昨日までの延長上にある未来を求めているわけではないはずだ。でなければ、この本を開く必要もな

い。自分が目指す未来を実現するうえでは、周囲の反発も受け入れなければならない場面も訪れる。そうした困難を乗り越えるうえでも、GRITが問われるのである。

明日から取り組める3つのチャレンジ

1
■ **GRITを活かして困難を乗り越える**
困難に直面したとき、諦めずに挑戦を続けることが重要だ。小さな成功や進歩を積み重ねることで、自分の能力を向上させ、最終的に困難を克服する力を養う。たとえば、苦手なタスクに取り組む際には、目標を小さく設定し、一歩ずつ前進することで、着実に成長を感じられるようにする。

2
■**意図的な練習を通じてスキルを磨く**
ただ単に努力するのではなく、意図的に自分の弱点に焦点を当てた練習を行うことが大切だ。たとえば、仕事や趣味で上達を目指す際に、特に難しい・苦手な部分に時間をかけ、何度も繰り返すことで、その分野でのスキルを飛躍的に向上させる。

3
■ **小さな「変」を積み重ねて「化」へと変化させる**
日々の努力がすぐに結果に結びつかなくても、小さな改善や変化を積み重ねることで、ある日突然大きな変化が現れることがある。このプロセスを信じて、焦らずにコツコツと取り組む姿勢を持つことが大切だ。例えば、毎日の学習やトレーニングを習慣化し、それを続けることで、いつか大きな成果が得られる瞬間を目指す。

第3章 「やり抜く力」とは？

何ごとも才能次第では？

　GRITが示す「やり抜く力」が大切なのは理解できます。でも現実社会は、努力しても報われないことも多いように思います。

　就職も学歴フィルターが存在するといわれていますし、仕事の評価も現場の上司は成果や適性を適切に評価してくれたとしても、最終的には学閥や経歴、または周囲の印象からいわゆる"優秀な人"が責任のあるポジションについている気がします。

　結局、才能がある人が努力をすれば報われるだけで、最初から才能がなければ努力の意味がないのではないでしょうか？

≫ 成功の裏には「才能」だけでなく「やり抜く力」がある

　質問はまさに、ダックワースが抱いた疑問そのものである。事実、私たちは、日常において"才能"にどうしても目を向けてしまいがちだ。ボクシングの井上尚弥選手しかり、棋士の藤井聡太しかり、歌手のテイラー・スウィフトしかり、彼らが優れた素質の持ち主であることは間違いない。だが同時に相当な努力家で、周囲が及ばないほどの「やり抜く力」の持ち主であることも忘れてはならない。

　ダックワースは、人々が陥りがちな才能に対する錯覚についても言及している。『やり抜く力』で取り上げたのは、心理学者のチアユン・ツァイの調査である。

　ツァイはプロの音楽家を対象に「音楽家として成功するには、生まれながらの才能と熱心に練習することのどちらが大切か」をアンケートでたずねたところ、**多くの人は「熱心に練習すること」のほうが重要だと答えた。**

　ところがである。ツァイが行った別の実験結果が非常に興味深い。ツァイはプロの音楽家に、ある2人のピアニストのプロフィールを紹介した。ひとりは幼少期から天賦の才を発揮する感性豊かな奏者、もうひとりは幼いころから熱心に練習に励み、努力の鬼ともいえるような奏者だという。

　そのうえで、両者が演奏する曲の一部を聴き比べてもらった。

第3章　「やり抜く力」とは？

するとどうだろう、音楽家たちはこぞって、将来的に成功するのは天賦の才に溢れる奏者のほうだと答えたのだという。実は2曲とも、同一人物が演奏していたにもかかわらず、である。

またツァイは起業家を対象にした調査でも、努力家タイプよりも天才タイプの起業家の事業計画の内容を高く評価することを明らかにした。別の関連研究によれば、努力家タイプの起業家と天才タイプの起業家を支援するのに双方の差が生じなくなるのは、努力家タイプの起業家が天才タイプよりも起業してからの年数が4年長く、さらに開業資金が4万ドル多い場合に限られたという。それだけ私たちは、「才能」を過大に評価しがちなのだ。

ある人の高い功績を「才能」によるものだと判断するのは、誰もが"やり抜く"ことの難しさをまかりなりにも理解しているからにほかならない。そのことについて、『やり抜く力』ではニーチェの言葉で解説する。

> 「我々の虚栄心や利己心によって、天才崇拝にはますます拍車がかかる。天才というのは神がかった存在だと思えば、それにくらべて引け目を感じる必要がないからだ。『あの人は超人的だ』というのは、『張り合ってもしかたがない』という意味なのだ」
>
> （アンジェラ・ダックワース著『やり抜く力――人生のあらゆる成功を決める「究極の能力」を身につける』〈ダイヤモンド社刊〉より）

誰もがひとつやふたつ、思い当たる節があるはずだ。**圧倒的な成果を上げる仲間を前にして、本当は悔しくてたまらないのに「あいつは天才だから」と自分を納得させる。そして自分をこれ以上傷つけないように、努力するのをあきらめてしまう。**

「あの人は特別だから」を自らが努力をしない理由にしていない？

　だけど本当は気づいている。仲間が自分たちのあずかり知らないところで、地道な努力を重ねていることを。そして自分は「センスがないから」（または、「今回うまくいかなかったのは、思うように練習できなかったから」）と、"あいつ"のようにひたむきになれない自分を間接的に責めてしまうのである。
　どの仕事にも"適性"がある以上、先に述べたとおり「やり抜く力」さえ高ければALPAサイクルが回り出すわけではな

い(事実、やり抜く力だけで、オリピック選手にも俳優にも、政治家にもなれるわけではない)。だが自分の人生をかけて取り組む"仕事"について、すべて才能で片づけるのはもったいない。

才能ばかりを問うのは、「好きを仕事に」という"Like-Seeker"に共通するものがある。
　もし「今の仕事に今ひとつ打ち込めないのは、自分の才能と合致する仕事、すなわち天職に出会えていないからだ」と考えているのであれば、ぜひ改めてほしい。
　ダックワースは、イェール大学経営大学院教授のエイミー・レズネスキーと天職についてやり取りしたときのことを、著書の中で取り上げている。
　レズネスキー曰く、ただの「仕事」だと思っていたものが「キャリア」に、そして「天職」へと変わる可能性を秘めている。そして彼女はアドバイスを求める人に対して、このように説明するという。

> 「天職との出会いは、完成したものを見つけることではありません。受け身の姿勢ではなく、自分から積極的に行動することが大事です」
> 　　(アンジェラ・ダックワース著『やり抜く力——人生のあらゆる成功を決める「究極の能力」を身につける』〈ダイヤモンド社刊〉より)

ただの「仕事」が「キャリア」に変わり、
「天職」に変わるには粘り強さが必要

　仮に今の仕事を天職だと感じられないとしたら、「やり抜く力」を出しきれていなくて、今の仕事の真骨頂に触れられていない可能性がある。**もう少し粘り強く取り組んで、目の前の"できていないこと"をAbleにした途端、パッと世界が開けるかもしれない。Like探しに明け暮れるよりきっと早く、天職に就けることだろう。**

》 物事の受け止め方を左右する
　　2つのマインドセット

　「成功は才能が左右するのか」という問いについて、別のアプローチから研究したのが、スタンフォード大学心理学教授のキャロル・S・ドゥエックである。ドゥエックは人間の思考様

式に関心を持ち、人間の信念の力を証明することをテーマに30年超にわたり研究を重ねてきた。

ドゥエックは、人間の信念は人生のありとあらゆる部分に浸透し、自分の性格だと思っているものの多くが、マインドセットの産物なのだと主張する。そして人間の能力は学習や経験によって伸ばせるものであり、背景にはマインドセットが大きく影響していて、著書『マインドセット「やればできる！」の研究』（草思社刊）では2つのマインドセットを取り上げている。

- 硬直マインドセット（Fixed Mindset）：知能や人間的資質、特性など人の能力は固定的で、変わることがない。
- しなやかマインドセット（Growth Mindset）：もって生まれた才能、適性、興味、気質は一人ひとり異なるものの、努力と経験によって誰もが伸ばすことができる。

ほとんどの人は、2つのマインドセットの両方を併せ持つが、自身が生まれ育った環境や意識の持ち方で程度差がある。だがマインドセットによって、物事に対する受け止め方は大きく異なる。そのため後の行動に違いが生まれ、結果として得られる成果も変わって来るのである。

『マインドセット「やればできる！」の研究』では、さまざまな対象について硬直マインドセットとしなやかマインドセットの比較実験を紹介している。

たとえば中学に進学する生徒を対象に、2年間の成績を追跡調査した例では、成績が下がったのは実験開始時にマインドセットが硬直であると判断された人のみだったという。彼らは成績低下の理由を、バカだからと自分を卑下する、教員の教え方が悪かったからなどと責任転嫁する傾向が見られたという。

　また医学生を対象に必修科目の化学の成績と学習姿勢を調べた際は、硬直マインドセットの学生は難しくなった途端に、興味もやる気もガクンと失せてしまったという。自分の賢さが証明されないと、面白く感じないのだ。一方、しなやかマインドセットの学生は、「想像していたよりはるかに難しいけれど、それは望むところ。（中略）きみには無理だと言われると、やってやるぞという気になる」と、難しくなるほど興味が増す様子を見せた。

　また彼らは学習姿勢にも違いが見られた。マインドセットが硬直している学生は、テストで良い成績を取るために丸暗記中心の勉強をしていたが、しなやかなマインドセットの学生は、講義自体に興味を持つことや苦手なところを反復練習するなど学びそのものに重きを置いていたという。

　さらにマインドセットは、子どもの学びや会社の経営にも影響を及ぼす。マインドセットが柔軟な教師に教わった生徒は、スタート地点の成績に関係なく学力を伸ばすことができるし、経営大学院の学生に経営シミュレーションをさせると、しなやかマインドセットの学生グループのほうが硬直マインドセット

の学生たちよりも生産性や業績の向上が見られるという。

　2つのマインドセットは、失敗に対する受け止め方さえも変える。**硬直マインドセットでは、失敗はゲームオーバーに等しい。自分の能力のなさをつきつけられ、失敗から学びを得ようとしない。**また他人からどう評価されているかを気にするのも、マインドセットが硬直している場合の特徴である。1回のテストや評価で自分がレッテル貼りされると信じ込み、同時に評価が永遠に決まってしまうことを恐れている。だから常に切迫感に駆られているし、成功すると優越感に浸る傾向にある。

　逆にしなやかマインドセットの持ち主は、自分の現状を正しく知ることを大切にする。そこから課題を見出し、改善や克服を図ろうと努力することができるからだ。他者からどう評価されるかということより、自分を向上させることに関心が向いているというのが、ドゥエックの主張だ。

>> マインドセットをしなやかにするには

　マインドセットが GRIT に関係することは、ここまでの話で十分おわかりいただけるはずだ。実際にダックワースはドゥエックと共に 2000 名以上の高校 3 年生を対象に共同研究を行い、しなやかマインドセット（『やり抜く力』では「成長思考」としている）の生徒たちは、硬直マインドセットの生徒たちに比べ、はるかに「やり抜く力」が強いことを明らかにした。

　このことからも gALf な生き方を実現するには、しなやかマ

インドセットを持ち合わせることがカギとなりそうだ。幸いマインドセットは、生まれつき固定化されたものではない。

　だから意識的に物事の捉え方を変えることで、マインドセットも変えることができる。ただ実際にやるとなると、覚悟が必要となる。なぜなら、あなたがこれまで培ってきたマインドセットは、過去の経験や人間関係、価値観などによって形づくられたものだからだ。特に日々の生活の中で受け取るメッセージによっても、マインドセットは変わってくる。

　ドゥエックらは教師の話と生徒のマインドセットについて、生徒を二つのグループに分けたうえで次のような実験を行った。数学の授業で偉大な数学者の業績と生涯を扱ったときに、片方のグループの生徒には数学者たちがやすやすと数学上の発見をした天才だという話をしたところ、それだけで彼らのマインドセットは硬直化してしまったという。

　逆に、数学者たちが情熱を傾けて取り組んだ末に偉大な発見につながったと紹介された残りのグループの生徒は、「一生懸命に努力してこそ、技能をみがき、何かを成し遂げることができる」というメッセージを受け取ることができたという。

　また同じ褒めるにしても、「頭が良いのね」と能力をほめると、子どもたちは有能であることにこだわり、難しい問題にチャレンジするのを回避するようになるという。万が一失敗でもしたら、能力を疑われてしまうかもしれないからだ。

　だが「頑張ったのね」と、粘り強く取り組んだことを褒めら

第3章 「やり抜く力」とは？

れた子どもたちの多くは、新しい問題にも果敢に挑戦した。そして難しい問題のほうがおもしろいと、答える子が多かった。

　日常的に触れるコミュニケーションがマインドセットに影響を与えるのは、大人になっても同じだ。ダックワースは『やり抜く力 GRIT』の中で、カリフォルニア大学バークレー校教授のジェニファー・チャットマンと共同研究者による興味深い調査結果を取り上げている。

　チャットマンらは、フォーチュン1000社に数えられるいくつかの大企業で、「マインドセット」「モチベーション」「健康」についてのアンケート調査を実施した。

　するとどの企業にも、従業員たちの間に共通のマインドセッ

日常的に触れるコミュニケーションが
マインドセットに影響を与える

トが備わっていることが認められたという。中でも企業風土として硬直マインドセットが強い企業では、従業員たちが「誰が出世するかについては、この会社は、従業員の能力はもともと決まっているもので、変えられないと考えているように見える」という項目に賛成する割合が高かったというのである。

なかなか手ごわいが、しなやかマインドセットの根底は「人は変われる」という信念にあるとドゥエック氏は述べる。そのうえで、**硬直マインドセットの人と、しなやかマインドセットの人の間では、受け取った情報に対する関心の方向に違いがあることを指摘する。**前者が自分や他者の品定めをし、極端な評価を下すのに対し、後者はこの体験から何を学びとることができるか、どうすれば自分を向上させることができるか、どんなふうに手助けしたらパートナーがもっとよくなってくれるか、といったことに目を向けているという。

この違いは非常に大きい。物事の見方がまるで違うことが、理解できるはずだ。とはいえこうした思考のクセは、一朝一夕で変わるものではない。数カ月、場合によっては数年かけて、意識的に物事の受け止め方を変えていく訓練を要する。そしてもうひとつ、ドゥエックは事実を真摯に受け取ることの重要性もあわせて説く。たとえば仕事で何か不備を指摘されたとき、人格まで否定されたと思わないことだ。

ドゥエックによれば、硬直マインドセットに固執してしまうのにはそれなりの理由がある。良い成績をとることで、周りか

ら「頭が良いね」と尊敬され、愛されるといった成功体験が、硬直マインドセットを強化させる。特に子どものうちは、親の関心や愛情を自分に向けるため、自尊心を保つためにそうした行動に走りがちだ。周囲の賞賛が良い意味で、人生の目標になるのである。

だが大人になり、自身の世界が広がればそうもいかない。「自分は変われる」と信じ、子どものときに培われた"強くて全能"という鎧を脱ぎ捨てよう。そして挫折や批判を受け入れ、**失敗から学び進化するプロセスを大いに楽しもう。**

明日から取り組める3つのチャレンジ

1 ■しなやかマインドセットを養う
自分の能力は固定的ではなく、努力や経験によって伸ばせると信じることが重要だ。困難に直面した際には、「これを乗り越えることで成長できる」と考え、挑戦を続ける姿勢を持つことが求められる。

2 ■才能に過度に依存しない
成功を才能だけに依存するのではなく、地道な努力と「やり抜く力」を重視することが大切だ。得意分野に固執するのではなく、時間をかけてスキルを磨き、目の前のタスクに全力で取り組むことで、真の実力を身につけることができる。

3 ■自分の仕事を天職に変える努力をする
たとえ今の仕事が「天職」と感じられなくても、粘り強く取り組むことでその仕事の真価を発見できるかもしれない。自分の役割や業務に対して積極的に工夫を凝らし、チャレンジを続けることで、仕事に対する情熱を高めることができる。

GRITを高めることは
できるのか

　マインドセットが日々の生活習慣や環境の影響を受けるのに対し、GRITはどうなのでしょう。「やり抜く力」は、先天的な要素を多く占めるような気がするのですが。

　私は諦めやすい性格で挑戦を続けることが苦手です。何か新しいことを始めても、途中で興味を失ってしまったり、困難に直面するとすぐに投げ出してしまいます……。そんな私でも「やり抜く力」を身に付けることはできますか？

>> 双子でもGRITの程度は異なる

「やり抜く力」が生まれつきのものなのか、GRITの存在を知れば気になるのも無理はない。

ダックワースの元にも、同様の質問が多く届くという。そしてこの疑問に迫るべく、ロンドンのある研究者は、イギリス在住の約2000名の10代の双子を対象にGRIT度を測るGRITスケールを調査し、ダックワースにその結果を知らせてくれた。そこから同氏は、次のように導いた。

1 「やり抜く力」や「才能」など、人生の成功に関わる心理的な特徴は、遺伝子と経験の影響を受ける。
2 「やり抜く力」をはじめ、いずれの心理学的な特徴についても、その遺伝に関係する遺伝子はたったひとつではない。
3 遺伝率の推定値を見れば、形質の発現のしかたは人によってさまざまであることがわかるが、「平均」がどれだけ変化しているかは、遺伝率を見てもわからない。

つまりGRITはほかの心理的特徴と同様、生まれ持った資質の影響を受けながらも、周囲の環境や学習体験、信念によって変化する。双子ほどではないが、遺伝子配列が似ている兄弟でも、粘り強さや（良い意味での）執着の度合いは生まれた順によっても違うであろうことは想像がつく。

さらに学校のクラスや先生の指導、周りの友達の性質やつき

合い方によっても、「やり抜くこと」に対する意識や行動は変わってきそうだ。マインドセットによって「やり抜く力」に有意差が見られたことからも、遺伝的な要素だけでGRITが固定されるわけではないとわかる。

>> 「やり抜く力」を支える楽観主義

では、どうやってGRITを伸ばしていくと良いのか。まず言えるのは、しなやかマインドセット（成長思考）を身につけることだろう。ダックワースはドゥエックをはじめ、さまざまな心理学の研究や知見を通じて、しなやかマインドセットを起点とした粘り強さの強化モデルを呈示している（下図）。

第一のステップは能力に対する考えを固定化せず、努力と経験によって伸ばせると信じることだ。

次に、**楽観的に考える練習をする**こと。失敗やふるわない結

第3章　「やり抜く力」とは？

果に反省はしても、必要以上に悲観しない。自分には才能がなくて「向いていない」、「できるようになるはずがない」と考えるのではなく、自分のとった行動や置かれていた状況からできなかった理由を冷静に捉えるのである。

　ここで楽観的に考えることについて、少し掘り下げてみたい。
　楽観的な考え、すなわち楽観主義は、「ポジティブ心理学の父」として知られるアメリカの心理学者、マーティン・セリグマンが編み出した概念である。セリグマンらは、犬を使った学習性無力感（努力しても結果が伴わない状況に長く置かれることで、行動を起こさなくなってしまう現象）の実験を行う中、学習性無力感の状態にあるはずの犬のうち、一部がそうはならないことに気づく。そこから楽観主義の研究に力を注ぐようになる。

　楽観主義とは、物事をポジティブに捉えられる性質のことだ。逆に、物事をネガティブに受け取る性質は悲観主義と呼ばれる。コップに半分の水がある状況をどう受け取るか、という話を聞いたことはないだろうか。**楽観主義が「まだ半分もある」とおおらかに見るとしたら、「もう半分しかない」と嘆くのは悲観主義である。**

　セリグマンは楽観主義と悲観主義を研究し続ける過程で、失敗や逆境に対する説明の仕方に違いを見出す。悲観主義者は自

身の失敗について、永続的で、普遍的、かつ内向的に捉える傾向にあるというのだ。「もう無理」「会社というのはそういうものだ」「私がバカだからだ」といった具合に。

だが楽観主義者は違う。「今日はたまたまタイミングが合わなかった」「私の解釈が間違っていただけだ」などと、悲観主義者とは対照的に一時的で特定的、外向的な反応をするのだという。

同じ事象で、こうも受け取り方が違う。言葉だけを比べても、悲観主義者が「もうダメだ」と1回の失敗で諦めてしまったのだとしたら、楽観主義者はまだまだ希望を捨てていないように映る。"条件さえ整えば"と、日を改めたり、力不足を補ったり、周囲と交渉したりと、次のチャンスに備えて行動し続けるのは明らかに後者であることは予測がつく。楽観主義は、「やり抜く力」と密接な関係にあるのだ。

楽観主義もしなやかマインドセットと同様、認知のクセの話である。物事の受け止め方を意識することで、変えることが可能だ。

ちなみに楽観主義と悲観主義では、良い出来事に対する受け止め方について、悪い出来事のときとは真逆になるのだという。悲観主義が「たまたまついていた」「〇〇が得意なだけ」「周りに恵まれたから」と一時的で特定的、外向的な考えをするのに対し、楽観主義は「いつもついている」「私はデキる」「私のおかげ」といった具合に、永続的で、普遍的、かつ内向的に解釈

する。

　またセリグマンは、悲観主義を完全に否定しているわけではない。経理や会計、財務などの安全管理といった分野は、リスク管理や厳しい見立てを必要とする仕事であるゆえ、悲観主義的な要素が必要とされるという。場面に応じ、悲観主義と楽観主義のバランスをうまく図ろう。

≫ GRITを鍛えるアクションとは

　物事の捉え方（認知）を変えるアプローチに対し、行動を変えることでGRITを高める方法も考えてみよう。

1　スモールステップを利用する

　千里の道も一歩から。挑むAbleのレベルが高すぎて、現状と見合わないというときは、分解してみよう。大事なのは、現実から目を背けないことだ。

　『GRIT 平凡でも一流になれる「やり抜く力」』（リンダ・キャプラン・セイラー、ロビン・コヴァル著／三木俊哉訳、日経BP社刊）に、興味深いエピソードが紹介されている。ニューヨーク大学の心理学者であるガブリエル・エッティンゲン教授が新卒の学生に対する追跡調査を行ったところ、理想の仕事について空想するのに時間を費やした学生は、そうでない学生と比較して、エントリーした仕事が少なく、もらった内定の数も

少なく、また就職後の給料も少なかったというのだ。

　夢や理想を描くこと自体は、悪いことでも何でもない。**問題は将来を都合よく解釈したことで現実に失望し、耐えられずにその場から逃げ出してしまうことにある**。自分を客観的に捉え、今できることをシンプルに始めることが「やり抜く」ための第一歩だ。

　先述の「意図的な練習」を思い出そう。エキスパートたちは自分のできない（Unable）ことを具体化し、課題を一つひとつ潰していくことで苦手を克服する。このとき徹底的に繰り返し、課題をマスターできたら新しい課題を設定するという話だった。仮に天才であっても、トップレベルのプレイヤーは課題を丸のままで捉えてはおらず、小さな目標に分解して一つひとつ着実に取り組んでいる。ここはカメになりきって、コツコツと取り組むのが賢明といえる。

　もうひとつ、スモールステップのポイントは継続にある。小さな課題を高頻度で繰り返すことで、熟達につながっていく。"頻度"はやり抜くうえで味方になる。というのも、ザイオンス効果が期待できるからだ。

　ザイオンス効果とは、何度も接触を繰り返すことで興味や好感度が高まる性質をさす。たとえば、最初は違和感しかなかっ

たテレビタレントが、見慣れるうち親しみを感じるようになった。体重計に乗るのが嫌で仕方がなかったが、今では1日に1度は乗らないと落ち着かないというように、慣れることで親近感や習慣につながった経験はないだろうか。小さな目標は取り組みのハードルが下がる分、頻度を上げやすい。結果として「意図的な練習」を後押し、やり抜く力につながるというわけだ。

　私の場合、体調管理のために行っている週3〜4回のスイミングがそれに当たる。私は1回につき、20〜30分泳いだ後、プールを出る。受付の人から、「もう出てしまうのですか？」と驚かれるのだが、あえて短い時間で集中して泳ぐことを繰り返している。理由は、それが私にとっての適正時間だと考えているからだ。実は、この話をしたところ、私のかかりつけ医には、最低でも1時間は泳ぎ続けて心拍数をあげることで体脂肪を減らすことを勧められた。しかし、私の場合、それだとプールに出かけるのが億劫になり継続しない可能性が高い。

　今日はプールに行くのか行かないのかを迷うことなく出かけ、20分から30分泳ぎ、自宅に戻ってくる。これが1時間泳ぐとなったら、続かない可能性が高い。それが私なのだ。
　実は私は、ウォーキングやジョギングなどの有酸素運動が好きではない。ただ、このように、短時間のスイミングを習慣化することで、有酸素運動を自然に生活サイクルに組み込み、無

理なく続けられるようになっている。

　他の人の意見はもちろん参考にするが、最終的に実行するのは自分だ。このやり方が自分には合っている、というものを発見し、自分が効果を実感し継続することが「やり抜く力」につながるのだ。

2　他者の力を借りる

　困難や逆境を乗り越えるうえでネックになるのは、課題だけではない。**やり抜くプロセスにおいては、大抵の場合"孤独"との闘いになる。**なぜなら自らに課せられた課題は、自身で乗り越えるよりほかないからだ。できないことに対する自問自答の日々は、実に苦しい。自律は重要な要素だが、心が折れてしまっては意味がない。

　また、できないこと（Unable）をできる（Able）ようにするのに、自己流でやろうとすると遠回りしがちだ。何が足りなくて、どうすれば良いのか、明確にわかっているならば苦労しない。だがそうではないから、くじけそうになるのだ。プロのスポーツ選手だって、ふつうはコーチがついている。指南役を得ることは、やり抜くうえで大事な観点といえる。

　本当にやり抜きたいのであれば、格好つけてなんかいられない。やり続けることにフォーカスし、借りられる力は何でも借りれば良いのだ。トレーナーやコーチをつける、スクールに通

う、上司やメンター、先輩から助言を受ける、同僚や友達に愚痴を聞いてもらう、共通のテーマに関心を持つ人たちのコミュニティに参加するのでも良い。一人で抱え込むより、ずっと効果的に、かつ気持ちをラクにして、困難に立ち向かえることだろう。

ダックワースも「やり抜く力」を培ううえで、環境の重要性を指摘する。

> *自分の「やり抜く力」を強化したいなら、「やり抜く力」の強い文化を見つけ、その一員となること。あなたがリーダーの立場にあり、組織のメンバーの「やり抜く力」を強化したいなら、「やり抜く力」の強い文化をつくりだすことだ。*
>
> （アンジェラ・ダックワース著『やり抜く力――人生のあらゆる成功を決める「究極の能力」を身につける』〈ダイヤモンド社刊〉より）

人には所属する社会に適応する能力が備わっている。「朱に交われば赤くなる」のことわざのとおり、よくも悪くも周囲に感化されるのである。したがって、情熱を持って粘り強く取り組む風土では、周りのやり抜く姿に刺激を受けて、もう少し頑張ってみようかと思う場面に多く触れることになるだろう。それに、誰もがやり抜くことの大変さを理解している。だからくじけそうになったときは、自分を鼓舞し、誰よりも応援してくれるはずだ。

逆に仲間が窮地に立たされたときには、迷わず手を差し伸べよう。傷をなめ合うのでなく、励まし合いながら、互いに高みを目指すのだ。

≫ ALPAサイクルに問われる主体性

　日本人はよく、海外から「粘り強い」と評されることがある。特にオリンピックや世界的なスポーツの大会で日本人選手が活躍すると、「驚異的な粘り強さ！」と外国人記者が舌を巻いたなんてエピソードがニュース記事になる。真面目で練習熱心、勤勉でコツコツ取り組むといった印象は、世界的な日本人のイメージではないだろうか。

　では一般的な日本人が「やり抜く力」に長けているのか。
　ガッツ（Guts）があるかというとそうともいえないし、レジリエンス（Resilience）が数年前にホットワードとなったのは、打たれ弱さの表れかもしれない。それに執念深く（Tenacity）というのもピンとこない。

　そして個人的に最も懸念しているのが、主体性（Initiative）だ。日々、グローバル人材育成を図るのに、国内外のビジネスパーソンと接する中で感じるのが、GRITの中でも日本人の主体性（initiative）の圧倒的不足である。

　「サラリーマン社長じゃ、抜本的な改革はできない」とはよ

く言われるが、何も経営に限った話ではなく、全体としてビジネスを自分のこととして捉え、自ら社会に働きかけていくという動きに乏しい。

　視点が所属する組織や、関わっている仕事、個人と、端的に言えば内側に向き過ぎているのである。そのため"やるべきこと"も、世の中をよくするためというより、自身が置かれている立場や状況を鑑み、うまくやり過ごすため、になってはいないだろうか。

　やるだけ自分が損する、どうせ給料や評価に反映されない、物申したところで藪蛇になりかねない、「（自分に責任は取れない、だから）次に先送りしよう」と、問題の本質から目を背けて、形だけは"やった"ようにする、上から指示されたらやるというようなことが、多過ぎる気がするのである。ここに果たして、Initiative は存在するのだろうか。

　とにかく平穏に暮らしたい、お金に困る生活は嫌だ、お金をいただいている分だけは仕事をしている。

　そう考えるのも結構。だが、仮にそうした個人的な範囲の幸せが、働くうえでの最大のモチベーションだとしたら、仕事も受け身の姿勢となってしまうだろう。

　なぜなら、"働きたい"わけではなく、"生活を守りたい"と考えているからだ。仕事への姿勢が受け身になり、"やらされ"になるのも無理はない。けれどもそのスタンスで働き続けたところで、ピカピカの歯車（第1章参照）でいられるかといった

ら、かなり疑問である。

　当然のことながら、できない（Unable）をできる（Able）にするには、「できるようにする！」という自身の意思が不可欠である。主体的に取り組むことは、ALPAサイクルのはじめの一歩と言っても過言ではないのである。

>> 誤ったGRITになっていないか

　ここまでの話から、GRITはALPAサイクルを回すうえで欠かせない要素ということは、おわかりいただけただろう。
　粘り強さと情熱なしに、人は困難を認め、立ち向かうことはできない。ただ注意したいのは、困難への向き合い方だ。粘り強さも発揮の仕方を間違えると、望まない結果を招きかねない。

　「誤ったGRIT」に警鐘を鳴らすのは、アメリカでパフォーマンス・コーチとして活躍する、キャロライン・アダムス・ミラーである。ミラーは著書『実践版GRIT　やり抜く力を手に入れる』（すばる舎刊）の中で、本物のGRITには周囲を惹きつけ、チームワークと友情を育む力を有すると述べる。だが間違ったGRITは往々にして他者と喜びを共有することはなく、自己承認欲求が前面に表れがちだというのだ。
　そのうえでミラーは、次に挙げる「悪いGRIT」の存在を指摘する。

●虚栄GRIT

虚栄GRITは、ひと言でいえば**"ハリボテ"**だ。周囲からの称賛を得るために、あたかも困難を成し遂げたかのように振る舞う。しかし内実は、不正をはたらいたり、周りをだましたり、自分すらもごまかしながら過ごす。称賛や肩書きを得るのが目的で、中身が伴っていないのである。

例えるならSNSや口コミサイトではものすごく評判の良い商品だったが、実はステルスマーケティングだった、のようなことだ。肩書や経歴は立派だが、実際に会ってみると肩透かしを食らうような「名前だけ」な人である。

●強情GRIT

自身ばかりに目が向き過ぎて周りが見えていないのが、強情GRITだ。あなたの周りにもときどき、ものすごく芯が強くて我が道を行くような人はいないだろうか。「何があってもブレない」といえば聞こえは良いが、あまりに頑固だと周りも手を焼いてしまう。

たとえば、英語学習において、ある人が「英語を学ぶには、単語量を増やすことが最も重要だ」と信じ込んでいるとしよう。周りから「実際に話せるようになりたいなら、発音やリスニングも大切だよ」とアドバイスされても、その人は頑なに単語暗記だけに固執する。確かに語彙力は英語学習の基礎となる部分だが、コミュニケーションには他のスキルも必要不可欠だ。

さらに、その人が「単語量さえ増やしておけば、英語はペラ

ペラになる」などと言い出したら、周りの人は呆れてしまうだろう。言語は単なる単語の集まりではなく、それらを適切に使いこなすことが重要なのだ。

　最悪の場合、強情GRITに陥った英語学習者は、バランスの取れた学習を怠り、実用性の伴わない英語力しか身につかないということもありうる。単語力があっても、リスニングや会話ができなければ、実践的なコミュニケーションには支障をきたすだろう。強情GRITに陥ると、こうした非効率的な学習を続けがちである。

　強情GRITにとらわれてしまうと、環境変化に気づいたり自身を客観的に捉えたりするのが難しくなる。「自分の考えが絶対だ」、「誰もわかってくれない」と、やがて周りに壁をつくってしまう。

●セルフィーGRIT

　この悪いGRITの特徴は、とにかく"Me! Me!"と、**オレ様気質**になることだ。

　何かをやり抜くときというのは、周囲の協力を得ているものだ。たとえば生まれて初めてのフルマラソンを、無事に完走できたとしよう。あなたは本番に向けて、何カ月もかけてめいっぱいトレーニングを頑張った。それはまぎれもない事実である。

　だがレース当日まで十分なトレーニングを積んだのは、あな

たが単に健康で丈夫だったからだけではない。シューズやウェアを揃えるのにアドバイスをくれた人たちや、一緒に練習に励んだラン仲間がいることだろう。家族が一緒ならばトレーニングの間に子どもの面倒を見てくれたり、もしかしたらストレッチにつき合ってくれたりもしたかもしれない。

　中には「いや、自分は全部一人で成し遂げた！」という人もいるかもしれない。しかし本当にそうだろうか？ 毎日走るランニングコースを整備したのは？ 体をケアする食材をつくったのは？ レースに出るのに申込サイトをつくったのは？ そして当日会場にあなたを運んでくれたのは？ そこには必ずあなたではない、"誰か"がいたはずだ。そもそも、フルマラソンを完走できるほどの五体満足な体をあなたに授けたのは、あなたの親にほかならない。"わたし"以外の"誰か"なくして、ものごとは成し得ないのである。

　ところが、そのことをすっかり忘れてしまっているのが、セルフィー GRIT だ。大きな困難を乗り越え、勝利を手にしたときに「俺がやった！」と強くアピールする。

　それがたとえ、チームの成功だったとしてもだ。仮にあなたがプロ野球選手で、特大ホームランを打ったとしても、チームが勝利したのは"あなた"だけの手柄ではない。投手陣が相手打線を抑え、野手が守備を固め、攻撃ではあなたが打席に立つ前に、出塁していたからである。あなたがプレーに専念できるように、たくさんのスタッフが裏方として動き回っていたこと

は、言うまでもない。

　この章ではgALfにおける「g」、すなわち「やり抜く力」であるGRITの重要性について述べてきた。
　gALfな人生は、他人から与えられるものではない。
　GRITを武器に、自分自身でALPAサイクルを粘り強く回すことが重要だ。
　だからこそ辛く険しい道のりも、振り返れば価値があるものになる。その一方で、誤ったGRITを発揮すると、gALfな人生は手に入らない。VUCAな現代を生き抜くには、自分自身が人生の舵取りをする必要がある。どの方向に向けて自分のGRITを発揮するのか？

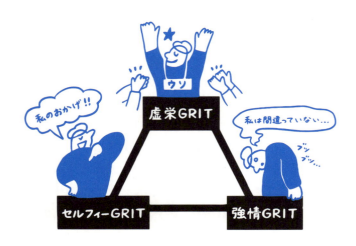

誤ったGRITに支配されてない？

第3章 「やり抜く力」とは？

　次章では、あなたの人生の方向性を定めるための羅針盤「foresight」について詳しく解説する。

　自分らしい人生を切り拓くために、どのようにforesightを磨いていけば良いのか。GRITと併せて、gALfを体現するためのヒントを探っていこう。

明日から取り組める3つのチャレンジ

1 ■ GRITを鍛えるためにスモールステップを活用する
大きな目標を小さなステップに分解し、一歩ずつ進めていくことが重要だ。たとえば、達成したい目標に向けて毎日少しずつ取り組むことで、継続が容易になり、最終的に大きな成果につながる。頻度を高めて行動することで、習慣化しやすくなり、GRITを強化できる。

2 ■ 他者の力を借りて困難を乗り越える
自己流にこだわらず、周囲のサポートを積極的に活用することで、やり抜く力を高める。具体的には、トレーナーやメンターの助言を受けたり、同僚と協力して課題を克服したりすることで、孤独感を減らし、効率的に目標に近づける。

3 ■ 誤ったGRITに陥らないようにする
自己満足や周囲の称賛を目的とするのではなく、本質的な目標に向かって粘り強く取り組むことが大切だ。たとえば、他者との協力やチームワークを軽視せず、自己中心的にならないように注意することで、正しいGRITを発揮し、持続的な成長を目指す。

第4章

「どう生きるか？」を定めよう

Q

人生の羅針盤を
手に入れるには？

　GRITについてはよくわかりました。しなやかマインドセットを持ちながら周囲の力を借りつつ高めることが重要なんですね。

　でも、ただがむしゃらにGRITを高めるだけで、良い偶然に出会えるというのもこれまでの話的になんだか違う気がしていて。

　何に注意すれば、良い偶然に出会えるんですか？　何かコツがあるんですか？

》「どう生きるか」をガイドする foresight

　前章で話したとおり、ALPAサイクルを回すにあたり、GRITとしなやかマインドセットさえあれば良い、というわけではない。二つの活かし方が大事になってくるのである。ではどうしたら、ミラーの言うような「悪いGRIT」ではなく、ポジティブな形でGRITを発揮できるのだろうか。

　そこでgALfの"f"の出番だ。fはforesight、すなわち未来に対する洞察性や内省を指し、foresightもGRIT同様、ALPAサイクルには間接的に関与する。

　改めて、gALfモデルの模式図を確認しよう（次ページ図）。Aからfに向けて矢印が伸びている。これはひたすら無鉄砲になんでもかんでもAbleを大きくするのではなく、**自分が大きくすべきAbleの方向性が合っているのか？ それをチェックする性能の良い羅針盤としての機能をforesightとして理解してほしい。**

　自分の中にforesightがなければ、どんなAbleが自分らしさにつながる芽になるのかわからない。Ableを育てる方針が定まらないのだ。ここにGRITが掛け合わさると、さらに事態はややこしくなる。なまじ粘り強さはあるだけに、あれもこれもと人並みにはできるようになるが、突き抜けないのである。

人生に良い偶然を呼ぶ「gALf」

GRIT：Able を下支えする「やり抜く力」　　foresight：人生の羅針盤

　もし GRIT の項を読んで、「自分は粘り強さが取り柄だがどうも ALPA が回っている感じがしない」と思ったなら、原因は foresight にあるかもしれない。周りの期待に応えることで自己承認欲求を満たすような、芯のない生き方をしてきたことで、Able が分散してしまっているのだ。なかなか軸が定まらず、器用貧乏な状況に陥っているのかもしれない。

　繰り返しになるが、**foresight は人生の羅針盤である**。風向きの読めない今のご時世、羅針盤なしの航海は無謀ともいえる。自分の船を難破させないためにも、foresight を磨いていこう。

第 4 章 「どう生きるか？」を定めよう

foresight を構成する 3 要素。上から鳥の目・虫の目・魚の目

》foresight を構成する 3 つの視点

といっても、今の時点では foresight が漠然としたものに映っているに違いない。そこで前ページのイラストをもとに解説したい。

3 つの foresight は上から、鳥の目、虫の目、魚の目と、視野や視座が異なるのが特徴だ。

・鳥の目（Purpose of Life）
鳥のように上空から広く全体を捉え、自分自身の「人生の目的」を捉える。

Purpose の意味は目的だ。よって、Purpose of Life とは直訳すると「人生の目的」になる。自身はなぜ生まれてきたのか、どうして生きているのかというと、かなり哲学的だが、要は「一生を通じ、何を成したいのか」というビジョンである。

私のセミナーで、参加者の皆さんに『「人生の目的」はありますか?』と問いかけると、8 割以上の人がそんな事は考えたことがないと答える。これは裏を返せば、日本という国、社会が平和で豊かであることの証左かもしれない。ただ、自分自身の人生が、何らかの形で社会に貢献している実感を持って生きる事は、自分の心を豊かにしてくれ、勇気を与えてくれるものなのだ。

・虫の目（Intuition）

　草むらのバッタのように、敵・味方が混在する現場で勝負する直観力。そして、そんな自分を冷静に分析する俯瞰力。

　仲間と協働し、敵と戦う能力が虫の目の中核である。さらにバッタは地上２メートルを飛び、自分を俯瞰する力を備えている。すなわち現場という社会の中で、自分が他者からどのように評価されているのかを、時に応じて客観的に見る力も備えているのが虫の目である。

　Purpose of Life が「一生という長い時間軸だとしたら、Intuition は対照的に「瞬発力」を問う。自分を取り巻く環境や、直面する事態をメタ認知し、機動力高く対応するようなイメージだ。たとえば、プロジェクトに自分とは相性が今ひとつなメンバーがいたとき、接し方を工夫して良い関係を築いていくには、自分がプロジェクトメンバーに与える影響やそのメンバーの影響、どうしたら最も良い結果を導けるかなど、複合的に判断して行動する必要がある。

・魚の目（GAD）

　魚が水流・水質を捉えるように、世の中の動きや環境の変化の動きを観察し、それに適応する

　前述したように、世の中の流れは大きく変わった。小さな淡水の湖で平和に暮らしていた魚のもとに、地殻変動の影響で、

海水が流れ込んで来たり、自分たちを捕食する大型の海水魚が流れ込んでくる。

携帯電話を例にして考えると分かりやすいかもしれない。

小さな淡水の湖に住んでいた魚をガラケーとしよう。ガラケーは日本独自の機能を盛り込んだ携帯電話として繁栄していたが、そこに一気にAppleのiPhone（海水と海水魚）が入り込んできた。あっという間にiPhoneに市場を奪われてしまい、ガラケーは終焉を迎えてしまった。ユーザーとしては便利になったからよいという考えもある。

しかし、もしあなたがガラケーを企画・販売する立場だったらどうか？　どうしたら、この水質・水流が急激に変わったことに気づけただろうか？

つまり、一人ひとりが昭和的価値観ではなく、GAD（Global・Agile・Digital）という水質・水流に急激に変わったことを意識し、時代に適応し行動することが必須になってきた、ということだ。

繰り返しになるが、3つのforesightは上から、鳥の目（Purpose of Life）、虫の目（Intuition）、魚の目（GAD）と、視野や視座が異なるのも特徴だ。

鳥の目が上空から広く全体を捉えるとしたら、虫の目は今いる場所の状況、魚の目は周囲の環境や世の中の動きを観察する。どれか1つが突出していれば良い話ではないし、どれも中途半端では視界がぼやける。ひいては、ALPAサイクルもうまく機

第 4 章　「どう生きるか？」を定めよう

能しなくなってしまう。

　第 2 章で、gALf な人は偶然をうまく生かしながら、Able を育て Like を見出し、自分の内に燃える情熱に気づくこと、Able を手放したり新たな Able を獲得したりを繰り返して、キャリアを積み上げていくことに触れた。

　gALf な人には共通して、目の前にやって来た機会にパッと飛び込む思いきりのよさがあるが、何にでも飛びつくわけではない。
　ライオンが満腹のときは獲物がいても襲わないのと同じで、自分にとって良い機会かどうかを直観的に判断し、うまく選び取っているのである。そして"直観的な判断"に関わってくるのが、まさしく foresight である。優れた foresight を持つ人は、先に述べた鳥の目、虫の目、魚の目の感度が高く、**自分が取るべき選択に対する嗅覚に優れているのである。**

　ただし、ひとつだけ注意したいことがある。明確な foresight の持ち主は、何でも自分で判断しているように聞こえたかもしれないが、決してそんなことはない。"何でも自分で判断する"など、強情 GRIT に支配された人の典型的な態度に近い。**岐路に立たされたときには必要な人に相談するなど、誰かに頼ることも含めて最適な判断ができてこそ gALf なのである。**

そして gALf な人の周りには、やはり嗅覚に優れた人たちが集まる。協力的な gALf 体質の仲間と確かな信頼関係を築けるのも、gAlf の特徴につけ加えておこう。

それでは、ここから3つの foresight を詳しく見ていこう。

≫ ①鳥の目──Purpose of Life

Purpose of Life（人生の目的）など、考えたこともないという人が大半かもしれない。世界的に見ても日本は社会的に発達しているし、物質的にも恵まれている。

また日本の文化や風習、慣習は仏教や神道、儒教の影響を受けているものの、日常的に信仰しているわけではない。一般的な家庭で生まれ育ったなら、難しいことを考えなくても大抵は生きていける。それはある意味、幸せなことである。

しかし、この本を手にとったということは、多かれ少なかれ、今の仕事や働き方、すなわち生き方に疑問を抱いているのではないか。この問いに直接関係するのが、Purpose of Life だ。

疑問をそのままにするのも案外楽ではない。

考えてもすっきりとした答えはすぐに出ないだろう。どこかモヤモヤして、すっきりとした気持ちは晴れない。だが、この"モヤモヤと考えること、考え続けること"に、人として生きる意義がある。このままで良いのかと考えるから、意識や行動が変わっていく。

もし、いとも簡単に「一件落着！」となったら、その後のあ

第4章 「どう生きるか？」を定めよう

鳥の目：俯瞰的な視点で人生の目的を見出そう

なたは働き方や生き方をどうしようかなどと考えることはないだろう。つまり、変わる"機会"をみすみす逃すことになるのだ。それでは偶然の出来事とも、良い付き合い方はできない。

　自分の働き方や生き方などに、明らかな解など見出せるものではないし、ましてや固定される性質のものではない。"今の時点で考えられる、人生の目標や目的で十分だ。もし違ったなら変えれば良いだけの話である。それに「これが私のPurpose！」と思ったって、人はいろんな出会いや経験を経て考えや生きる領域を進化させていく。何度も何度もPurpose

を考え、見直し、行動を変えていく。もしかしたら、自身のPurpose of Lifeを自覚できるようになるのは、命を終える間際かもしれない。

「人生の目的」が見えてくるのは、えてして人生の後半部分なのではないだろうか。つまり、30〜40代ではまだおぼろげで曖昧であり、50〜60代になって初めてその輪郭がはっきりしてくる種類のものだ。

若い頃はまず、自分が「できること：Able」を増やし、その後に「好きになる：Like」ことが増えていく。そして、ようやく人生の後半に「情熱：Passion」が見え始めた頃に、鳥の目で見るように「人生の目的」が見えてくるのではないか。

だから、もし20代で自分の人生の目的がわからないとしても、悲観する必要はまったくない。ただ、自分の成長サイクルであるgALfの好循環を起こしていくために、頭の片隅にそのことを置いておくくらいがちょうど良い。

それでも、「もし、自分の考えたPurposeが間違いだったとしたら嫌だ」と思うなら、その発想を変えたほうが良い。

そもそも人生に不正解など存在しない。どんな選択をしようと、ある意味どれも正解なのだ。私たちに必要なのは、"正しい人生を選択する力"ではなく、"選んだ人生を正しいものへと導く力"ではないだろうか。少なくともgALfの考えは、後者に属する。

第 4 章　「どう生きるか？」を定めよう

"選んだ人生を正しいものへと導く"には、"なぜ生きているのか"がおぼろげにでもわかっていなければ不可能だ。最初はうまく言葉にできなくても構わない。自分の人生におけるPurposeは何なのか、思いっきりモヤモヤ考えようではないか。

≫ あなたはどのレンガ職人のタイプに近い？

Purposeを考える切り口として、もっとも身近なもののひとつが仕事だろう。gALfは基本的に、偶然の出来事を成功の機会に変える働き方として取り上げている。よって本書でのPurpose、引いてはPurpose of Lifeの扱いも、原則として仕事や働き方にフォーカスしたい。

仕事に対する姿勢や捉え方について語る際に、よく取り上げられるのが「3人のレンガ職人の話」である。作者は定かではないが、「マネジメントの父」の異名を持つP.F.ドラッカーが、3人の"レンガ職人"ならぬ、"石工"として複数の書籍で扱ったことで日本のビジネスパーソンにも広く知られている。どのようなストーリーだったか、改めて確認しよう。

〈3人のレンガ職人の話〉
　これは中世のヨーロッパのお話です。旅人がある日、町を歩いていると、工事現場で働く3人のレンガ職人の姿が目に留まりました。彼らは汗を垂らしながら、重いレンガを運んでは積み上げ、運んでは積み上げを繰り返しています。気になった旅

人は、職人たちに「何をしているのですか?」と声をかけました。すると3人の職人は、それぞれ次のように答えました。

1人目の職人
レンガを積んでいるんだ。見ればわかるだろう? 親方に言われたからさ。暑いし、レンガは重いし、もうこりごりだよ

2人目の職人
教会をつくっているんだ。給料は悪くないし、経歴にも箔がつく。結構な重労働で、まあ大変なんだけど

3人目の職人
大聖堂をつくっているんだ。多くの人が祝福を受け、悲しみから救われる。後世にも残る大仕事だよ!

　さあ、どうだろう。言わずもがな、この話のポイントは、職人たちの仕事に対する「捉え方」である。同じ業務である(ということは、待遇もそう変わらないはずだ)にもかかわらず、これだけ認識が違う。そのうえで、次のことを考えてみてほしい。

1　あなたが仕事のオーナーだとしたら、3人のうちどのレンガ職人に仕事を依頼しますか?
2　あなたが親方だとしたら、3人のうちどのレンガ職人に期待をかけますか?

3　あなた自身の今の仕事の向き合い方は、3人のうちどのレンガ職人に近いですか？

　1と2は、ほとんどの人が同じ回答をするだろう。「3人目の職人」と。理由はさまざま考えられるが、いちばんは「責任感を持って臨み、良い仕事をしてくれる」と期待できるからではないだろうか。

　3人目の職人が1人目や2人目と違うのは、自己ではなく他者に目が向けられていることだ。それも"周りからよく見られたい"という利己ではなく、他者の幸せを心から願い、自分の力を役立てたいと考えている。もちろん、自身の生活の安定（1人目）、キャリアアップ（2人目）の要素もゼロではないはずだが、他者や社会への貢献も含めて自身の仕事を捉えていることが特徴的である。自分の仕事に誇りを持って臨み、情熱を燃やしている状態、すなわちALPAが回っているのである。

　このようなマインドセットの持ち主は、勤勉で向上心も高い。現場での経験を学びに変え、創意工夫を凝らしながら仕事の質を上げていくだろう。何よりスキルアップやプロジェクトの成功に向けては、真っ当な方法を選ぶ道徳性も備わっている。現場でトラブルや問題が起きても、解決に向けて逃げることなく対応するだろう。誠実でフェアな姿勢は、周りもつい応援したくなるのである。

ということは最終的な成果も、3人目の職人の仕事がもっとも高い評価を得ることになるだろう。"良い仕事をする"職人には、新たな機会が巡って来る。オーナーが再び仕事を依頼したり、職人の仕事を必要とする別の誰かを紹介したりといったことが考えられるからだ。また親方も、「あいつをもっと伸ばしたい」と大抜擢を図るかもしれない。3人目の職人はやはり、良い偶然に恵まれるのである。

　そして問題は3つ目の問いだ。果たしてあなたは、どのような思いで仕事に臨んでいるだろうか？

》》 なぜ働くのか？

　もしあなたが、野球選手としての素質に恵まれていて、プロのスカウトも一目置くほどの実力だったとする。

　だがあなたが野球を、「周囲の注目を集めるから」「モテるから」「プロになったらお金を稼げるから」と、ひたすら自己承認欲求を満たす道具として捉えていたとしたら、怪我などで選手生命を絶たれた途端、野球界での存在意義を見失ってしまうことになるだろう。

　しかしあなたが野球をする理由に、「多くの人を笑顔にできるから」「誰かの背中を押す存在になれるから」「いろんな人に野球の楽しさを知ってほしいから」という自他を越えた"願い"が一つでもあるなら、救いようがある。たとえ選手でなく

たって、願いを叶えるには他のやり方があるからだ。引退した直後はひどく落ち込んだとしても、きっと選手時代と同じ熱量で新しい仕事に臨めるようになるはずだ。

　人という動物は、社会性を有する。集団の中で暮らしを営み、他者との関わりの中で"わたし"という存在を見出す。つまり、自分ひとりでは生きられないし、自分ひとりのために生きることもできないのである。

「誰かに認められたい」という欲求は、ある種、誰かに必要とされたいという思いの裏返しともいえる。たとえば、周りに「すごい！」と褒められるとしたって、「変わった人」のような扱いをされたいわけではないはずだ。憧れの対象（目標としての存在）となる、観る人をワクワクとした気持ちにさせる、徹底した仕事ぶりで周りの負担を軽くするというように、大抵は自己満足で終わらない、他者への貢献の要素が含まれているものである。

　第1章で、マズローの欲求5段階説（29ページ）を取り上げたのを覚えているだろうか。
　第4段階に位置付けられる承認欲求にはステップがあり、周囲からの尊敬や賞賛、地位や名声のような他者承認の上に、自分で自身を認める自己承認欲求が存在するという話だった。だが「人生の目的」はさらに上の第5段階、「自己実現」と関係

が深い。自身の能力や可能性を、自分が生きる場所で最大限に発揮している状態だ。

人生の目的（Purpose of Life）が定まってくれば、確かな判断軸ができる。周りからの評価ではなく、自分に必要なことなのか、その選択が自分だけでなく周りをも幸せにするものなのかを、長期的な視点で考えることができるようになる。軸がはっきりしていれば、一見損をしたように見える選択でも後悔はしないだろう。そして、そのような選択をしたときにこそ、新しい機会が訪れるものだ。

繰り返しになるが、人生の目的を無理やり若いうちに定める必要はない。ALPAのサイクルを回す過程で、どんどんと輪郭がはっきりしてくることを忘れないようにしよう。

ただ、自分が見ようと思わないものは、一生かかっても見えない。だからこそ、頭の片隅に「鳥の目：Purpose of Life」という考えを置きながら、ALPAサイクルを回していき、時々、それについて考える、点検するという姿勢が重要だ。

そしてその時のヒントとなるものがSDGs17の目標だ。

例えば、SDGs17の目標（貧困をなくそう、飢餓をゼロに、すべての人に健康と福祉を、など）を地上に置き、鳥のように何回も上空を飛び回り、自分はどの分野で人の役に立ちたいのかを俯瞰して考える。人権、経済・社会、地球環境など、さまざまな分野での課題と目標が17個列挙されているのが

SDGs17の目標だ。自分がどの分野で社会の役に立ちたいのか、自分のPurposeを考えるのに役立つだろう。

　人生の目的を見出すためのヒントは、第5章の実践編で提供している。ワークを活用して、自分なりの人生の目的を見つけてほしい。

》②虫の目——Intuition

　foresightの2つめ、Intuitionは「直観」だと先述した。
　Purpose of Lifeが人生全体を捉えるとしたら、**Intuitionは置かれている状況から考え、判断し、行動に移していく。**
　誰かとの出会いや、新しいプロジェクト、仕事上で生じたチャンスなど、今、目の前に起こっていることをどう受け止め、どんな選択をするかによって、その先の未来は変わって来るからだ。

　たとえるなら、あなたは草むらで生きるバッタである。
　草むらでは日々、生きもの同士が食う―食われるの関係を通じて、独自の生態系を築いている。バッタもススキやエノコログサのようなイネ科の植物や、小さな虫などを食べながら、カエルやトカゲ、カマキリなどの天敵から身を守る日々を過ごす。また周囲にはチョウやハチといった、食う―食われるの関係にないものもいる。だがこれらの虫は、花の花粉を運ぶことで知られる。草むらに絶えず植物が生え続けるからこそ、バッタはそこで暮らすことができる。

虫の目：自らの置かれた状況から、最適解を導き出そう

　もし、あなたの過ごす草むらが、猛暑の影響でイネ科の植物が育たなくなった、あるいは何かのはずみでカエルの繁殖が進み、大量発生したとしよう。あなたが生き残るには、まずその状況を察知しなければならず、続いて何かしらの対応をしなければならない。ボーっとしていたら、たちまち食料にありつけず餓死してしまうか、カエルの餌食となってしまう。自分と同じ、バッタが大量に発生したときも同様だ。

　このことは、人間の世界でも同様に起こり得る。
　自身を高めてくれたり、仕事の助けになってくれたりする人がどこにいて、逆に成長の妨げがどこにあるのか。またどこかに機会や脅威が隠れていないか。このように、あなたを取り巻

く環境や周囲を察知する力の有無によって、偶然がただの偶然で終わるか、それとも人生の大きな機会へと変わるかを左右するのだ。

「もしも〜だったら（if）」ばかり考えても、実際の人生は変わらない。選択を後悔しないためにも、Intuition を磨くことが重要なのである。

>> 日々過ごす中で"問いを立て"最適解を"考える"

Intuition は、日々過ごす中で鍛えるのが原則だ。仕事の現場で生じるさまざまなやり取りや、同僚や取引先との協働、企画立案や関係者との調整、予期しない出来事を前に、どのように周りとコミュニケーションを図って関係を築き、価値を生み出していくか。実践と経験を重ねることによって、Intuition は研ぎ澄まされていく。

「なんだ。いつもの仕事をしっかりとやれば良いのか」と思っただろうか。いつもの仕事をしっかりとやるのは大事だ。

だが、この**"しっかりと"が鬼門**である。もし、上から言われたとおりにやる、決められたことからはみ出さずに進める、仕事の是非は脇に置き、波風を立てずに収めることが、あなたにとっての"しっかり"だとしたら、Intuition は鍛えるどころか衰えてしまうだろう。"自ら問いを立てる（課題を発見する）"、"状況をよく観察し、最適解を考える（課題を解決す

る)"そして、"職場での自分の評価をメタ認知する"という3つが、すっかり抜け落ちてしまっているからだ。

　私たちが現代を生きるうえで直面するのは、正解のない課題である。誰も答えなど教えてくれない。そこに切り込むには、自分で考え得る解を導き、選択するしかない。そのときに"問いを立てる"、"最適解を考える"ことができなければ、どうにもならないのだ。

　ただこれらの力は、一朝一夕で身につくものではない。頭の使い方の問題だから、経験を重ねて自分の中に回路を築いていくしかないのである。だから日々の仕事について、既存のやり方に"しっかりと"疑問を呈し、状況を"しっかりと"観察し、どうすれば良いのか"しっかりと"考えていく必要がある。
　そうして日々、自分を鍛えながら、職場での自分の評価はどうかと考える。自分の行動は独りよがりでないか。もっと周囲とより良い関係を築くにはどうすべきか。2m飛んで、自分が周囲にどんな評価を受けているのか、俯瞰で把握するのだ。そうすることで、自分自身の行動を軌道修正することができる。

》》あなたからは見えない世界の存在

　バッタが過ごす草むらには、もうひとつの生態系が繰り広げられている。それは土中で暮らす生物たちの生態系だ。
　そこでは枯れ草や生きものの死骸、糞尿などをミミズやムカ

デなどが食べ、モグラなどが土中にすむ虫類などを食べている。注目は、さらなるミクロな世界である。カビやキノコをはじめとする菌類、微生物類がやはり枯れ草などを分解し、肥沃な土をつくり出している。

　バッタの暮らす世界は、こうした土の中の生態系で成り立っているのである。だが肝心のバッタはそのことに気づいていない。キノコはおろか、微生物は肉眼で見えるものではないからだ。

　同様のことは、やはり私たちの暮らす人間の世界でも起こっている。自部署のある業務について、前々から上司に改善策を提案していたが、なかなか受け入れてもらえない。
　どう考えてもメリットしかないのに。どうしてだろうと理由を聞いてみたところ、改善策を導入するのに関係する他の業務や部署と関係があるらしい。いくつもの過程の先に、日ごろほとんど関わりのない、ある部署の基幹システムを根本から変える必要が出てくるとわかった、というようなことである。

　このように、ある事象について単体で見るのではなく、さまざまな要素とのつながりや関係性、すなわち"システム"として捉え、考察することを「システム思考」という。
　詳しくは、『世界がもし100人の村だったら』(マガジンハウス刊)の原案者でもあるドネラ・メドウズや、『学習する組織』

（英治出版刊）で知られるピーター・センゲらに譲りたい。

　ただシステム思考は、私たちが直面する政治や環境、社会、経済の諸問題を考えるうえで、必須のツールだとされる。多様な要素が複雑に絡み合った現実では、一部を取り出して考えても、期待する解決にはつながらないからだ。

　こうした視点は、バッタがただ地面を這っているだけでは培われない。ジャンプが必要なのだ。ジャンプして2mほどの上空から全体を捉えることを意識しよう。自身の守備範囲から離れ、「逆の立場なら」、あるいは「上の立場なら」と別の観点を設ける習慣である。見えていた景色とは、また違った世界が広がっているはずだ。

》 直観力を支える力

　Intuition に優れている人とは「Visionary」であるともいえる。

　ここでいう Visionary とは、洞察力に長け、先見の明がある、観念的で、目に見えるもの（現場・現物・現実）を越えて物事の関係性を把握できるような存在といえる。こうした人は、分野を問わずいろんなことに興味を持ち、自分の価値観にとらわれずに物事をありのままに受け止められる。さらに、さまざまな要素を組み合わせながら概念像をつくりだす。

　勉強に限らず日々のあらゆることから絶えず学び、自身の血肉にする力が備わっているのだ。

こうした力を養うには、何が必要なのか。ここでは4つの要素を取り上げてみたい。

〈マインド要素〉

1　CQとPQ

CQは、好奇心指数（Curiosity Quotient）や想像力指数（Creativity Quotient）と呼ばれるものだ。社会心理学者のトマス・チャモロ＝プリミュージクが、「IQやEQに並び、CQはこれからの社会に必要な素養だ」とハーバード・ビジネス・レビューでかつて述べたことで、一時期話題となった。

トマスによれば、CQが高い人は好奇心旺盛で、新しい体験に貪欲である、柔軟な発想で独創的なアイデアを生み出せる、そして複雑で曖昧なことへの耐性が高い。要は"わからないこと"へのアプローチを厭わず、既存のものの考えにとらわれずに新機軸を見出せる力を持つということだ。

対する**PQは、情熱指数（Passion Quotient）と呼ばれる**もの。言葉のとおり、ある事柄に対して自身の情熱をどれだけ注げるかを指している。「粘り強さ」と「情熱」が源泉のGRITとも深く関連するのは、言うまでもない。

熱意を持って事にあたる人は、概して行動的である。一度興味を持ったことは、あれやこれやと調べ上げ、さらにどんどんと試してみる。何か新たなスキルを習得するにも、すぐに匙を

投げることはない。何か困難にあたっても、昨日とは違う、新たな自分との出会いを楽しめるのだ。

そして自分の思いを言葉にし、周囲に重要性を訴える。
そこで放たれるものは表面的なものではなく、心の底から湧き出るもの。何かを変えたいという本気の思いが伝わって来て、周囲を巻き込んでいく力が感じられるものだ。

世界的ベストセラーとなった『フラット化する世界』(日経BP刊)を著したトーマス・フリードマンは、「IQも重要だが、今後の社会においてはCQやPQがもっと大きな意味を持つ」と語る。すなわち、**IQ ＜ CQ ＋ PQ** の関係が成り立つという。人が生きていくうえで、またビジネスを進めるうえで知性は重要だ。だが過去の政治、経済、社会を振り返ると、(特に経済は)知性偏重にあったことは否めない。

しかしながら時代は変わりつつある。
知性の一部は人間からテクノロジーに置き換えられると同時に、複雑多様な価値観や文化、問題が交錯し合う世の中では"人としての強み"が問われるようになる。その指標として、CQやPQが注目されるのであろう。

2　集中と弛緩のバランス
現代社会では、私たちは膨大な情報に囲まれ、複雑な課題に

第4章 「どう生きるか?」を定めよう

直面している。人類の歴史からすれば、現代社会の発展スピードは目まぐるしく、生物的な進化の速度に追いついていない。この環境で高いパフォーマンスを発揮し続けるには、集中と弛緩のバランスが欠かせない。

集中とは、自分の Purpose of Life(人生の目的)に沿った活動に、時間や能力などの限られたリソースを投入することである。しかし、ここで言う集中とは、目的に向かって直線的に進むことではない。日々の出来事や出会いを、自分の目的に沿って活用することが重要なのだ。

たとえば、PTA や自治会の活動は、多様性に富んだ組織運営の経験を積む絶好の機会である。これらの活動に積極的に取り組むことで、仕事とは異なる人脈を築き、新しい視点を得ることができる。一見面倒に見える活動も、自分の目的に沿って取り組めば、大きな成長の機会となるのだ。
　そして集中は、ずっと続けられるものではない。
　高いパフォーマンスを維持するには、適度な弛緩が必要不可欠だ。**弛緩の時間は、アイデアが浮かんだり、新しい発見があったりと、集中を支える重要な役割を果たす。**お風呂に入っているときや、眠りにつく前にひらめきが生まれるのは、リラックスしているからこそである。

短期的には、集中と休息のサイクルを意識することが大切だ。

一方、中長期的には、果樹の表年と裏年のように、集中と弛緩の期間を設けることが重要である。常に高いパフォーマンスを求めすぎると、燃え尽き症候群に陥ってしまう危険性がある。

人生は、一時的なスプリントではなく、ウルトラマラソンのような長い道のりである。集中と弛緩のバランスを保ちながら、自分の Purpose of Life に向かって歩んでいくことが大切だ。心身ともに健康を保ち、持続可能な方法で目的に向かって進んでいきたい。

〈過去・現在・未来を結びつける力〉

3　リベラルアーツ

Intuition は、環境適応力と言い換えることもできる。草むらの環境は、天候や周りの生物の増減、近隣の動きなどによって、いとも簡単に変化する。バッタは状況によって、イネ科以外の草木を食べる、生きる場所を変える、あるいは"バッタ"という体そのものを捨て、新しい生物へと変態する必要が出て来るかもしれない。

今ある状況と近い将来を見据え、ポジションチェンジをする、リスキリングする、場合によっては社内転職で大胆なジョブチェンジを図る、副業を始めるなど、こうした大きな動きも Intuition を働かせることで、良い選択ができる。

第4章 「どう生きるか?」を定めよう

そしてこうした判断を支えるのが、私たちに多様な視点をもたらす普遍的な学び、「リベラルアーツ」である。

リベラル（Liberal）の言葉のとおり、元は私たち人間を束縛から解放し、"自由人"として生きるための学問としてギリシャ・ローマ時代に誕生したのが起源である。

人は"自由にして良い"と言われると、かえって困るものだ。突然スケッチブックを渡されて、「好きなように描いて」、「テーマは自由だから」と言われても、どんな画材を手に、どんな色を使って、何を描けば良いのだと悩んでしまうだろう。せめて、「好きな動物」とか、「思い出の風景」とか、決まっていれば良いのに……と思うのではないだろうか。私たちは意外と、束縛の下で安心感を得てしまう。

だがこれからの時代は、そうもいかない。誰も正解を持っていないのだから。真の意味で自由になり、自分で自分の生き方を編み出していくのだ。といっても何の方針もなく、行き当たりばったりで過ごしていては、途方に暮れるのは時間の問題である。

そこで問われるのが知恵と教養、すなわちリベラルアーツである。文学に自然科学、社会科学に芸術と、領域を問わない広い学びは、"考える"時間を通じて"問いを立て、解を見出す"

手法と機会を与えてくれる。教養があることで、日々の体験の質が高まるのは確実だ。仮に結果として"思いつき"な生き方をしても、教養がひらめきの質を高めてくれる。

リベラルアーツが重要な理由は、それが私たちに幅広い視野と柔軟な思考力を与えてくれるからだ。たとえば、歴史を学ぶことで過去の出来事から教訓を得たり、文学を通じて人間性の奥深さを理解したりできる。また、自然科学の知識は論理的思考力を養い、芸術は創造性を刺激する。こうした多様な学びが、変化の激しい現代社会で適応力を高め、新しい状況に対応する力を与えてくれるのだ。

リベラルアーツを身につけた人は、専門分野の枠を超えて物事を多角的に捉えることができる。たとえば、経営者が哲学や心理学の知識を活かして、従業員のモチベーションを高める施策を打ち出したり、科学者が芸術的感性を取り入れて、革新的な発明を生み出したりするなどだ。このように、リベラルアーツは私たちの可能性を広げ、予想外の状況でも適切な判断を下す力を養ってくれる。

4　シンクロニシティ

たとえば何か人生や身の回りのことで悩んでいて、どうすれば良いかまったく見当もつかなかったのに、旅先でふらりと入ったカフェで手にした本に、今の自分が求めていた言葉が綴ら

第4章 「どう生きるか？」を定めよう

れていた、というような経験はないだろうか。こういうときは大抵、普段なら気に留めるようなことではないのに強く惹かれた、なぜだかわからないけれど、ということが多い。

　人は生きていれば、こうした奇跡の巡り合わせのような、どうにも説明できない偶然に出会うことがある。この現象を、心理学者のユングは**「シンクロニシティ」**と表現した。

　シンクロニシティを説明するとき、共時性という言葉が用いられる。複数の出来事が何の因果もなく同時に起こる、そして出来事同士の間に深い意味合いを持つというのが特徴だ。だが、よりしっくり来る表現をしているのが、現・立命館大学教授で、神戸大学名誉教授の金井壽宏氏である。

　金井氏は、自身が日本語版監修を務めた書籍『シンクロニシティ―未来をつくるリーダーシップ』（英治出版刊）の解説で、シンクロニシティを「肝心な時には相互に関連する出来事が次々と起こり、大事な人が（偶然のように）一緒に居合わせてくれること」と説明している。

　同作は弁護士として多忙を極めていた著者が、半生を通じて人生の主軸をリーダーシップ教育へと変えていく物語である。その途中ではさまざまな人、場所、出来事との出会いを繰り返し、彼自身が人生という旅を繰り広げていく。さらには自身の

みならず、父親が直面した経験や、彼を取り巻く人々とのやり取りなどによって、人生の使命に誘われていく様子を描いたものだ。注目すべきは、人生の転機となる手前では、意図しないハプニングや、互いが自然と引き寄せられたかのような出会いが生じていることだ。

そしてもうひとつのキーワードは「一体感」である。ジャウォースキーはアメリカン・リーダーシップ・フォーラムという新たな組織を立ち上げるときなど、重要な場面ではあらゆるものと一体になる感覚を得ている。それは"目の前にいる誰か"に限らず、世の中のあらゆるものとのつながりをさす。それは過去と現在、自然と都市、こちらとあちらというような、"分断が描く世界"とはまったく対照的な感覚だという。

このような境地に至るには、広くて深い世界観が問われる。世間や社会では足りない、"宇宙"というひとつの大きな組織体に、私たちは身を置いている。そこには本来、境界線は存在しないのだ。

》》 つながりを妨げる3つの罠

私たちは社会性を培うのと引き換えに、生まれつき持ち合わせていたピュアな感性を葬る側面がある。たとえばジャウォースキーは『シンクロニシティ』の中で、「つながり合う恵み豊かな世界の営み」を妨げる古い考え方や行動を、「罠」として

3つ紹介している。

　1つは「責任」だ。何か物事を興すと、私たちは「成功させなければ」というプレッシャーにとらわれる。その結果、本来目を向けるべきはずである"使命"が霞み、マイクロマネジメントに走ったり、必要以上に自分で背負ったりしてしまう。周りを信じられなくなって、行動や判断・決断のスケールが小さくなってしまうのだ。

　2つめは「依存」である。ジャウォースキーは、責任とは逆の罠と位置づける。要は周りに頼り過ぎることで、彼らをつなぎとめようと意志を曲げてしまうような判断や行動をとってしまう。極端な言い方をすれば相手に迎合するような状況をさす。そうなると、率直な意思疎通が図れなくなり、結果として本来めざしていたことから、どんどんと離れていってしまう。

　3つめは「過剰な活動」である。オーバーワークなど、自身を動かすのに自身の意志が及ばない状況は、取り組みの"本質"から盲目にさせてしまう。特にチームでは、ある"誰か"が意図しない行動を始めてしまうといったように、理想の状態から外れる現象が見られる。そしてその行為を"誰かのせい"にするなど、分断が生じてしまう。
　だが現実の世界では無意識のうちに3つの罠に縛られ、悪い意味での"持ちつ持たれつ"が、そこかしこに生じている。こ

れではジャウォースキーの語る「一体感」など、永遠に起こるはずがないのである。

　もうひとつ、監修を務めた金井氏は『シンクロニシティ』で、ジャウォースキーの思考や行動にも言及している。それはジャウォースキーが人生の新しいテーマを見出し、実現へとつなげていく中で望みを強く願い、深く傾倒すると同時に、積極的に行動に移していたことだ。
　単に偶然が起こるのを、指をくわえて眺めていたわけではない、という話である。この点については、第1章でもクランボルツの考え（計画的偶発性理論）を用いて解説しているので、ここでは言及しない。

　また「幸運学」を研究する、早稲田大学ビジネススクール教授の杉浦正和氏は、「運には自分でコントロールできないものと、できるものがある」と説く。さらにそれぞれは、下記のように二分される。

〈自分でコントロールできない運〉
宿命（Destiny）……………事前に決まっていて自分ではどうしようもないこと
偶然（Randomness）……結果が予測できずコントロールできないこと

第4章 「どう生きるか？」を定めよう

〈自分でコントロールできる運〉
機会（Opportunity）………開発することで自ら幸運を創りだしていけること
確率（Probability）………管理することで自ら高めていけること

『幸運学』（杉浦正和著／日経BP刊）「はじめに」より

　杉浦氏の主張が興味深いのは、「自分でコントロールできる運」を戦略的に切り拓くことで、「自分でコントロールできない運」すらも変わってくるという点である。すなわち、「機会」を開発していくと、「宿命」とあきらめていたものを変えることができ、「確率」を見立てると、「偶然」に任せるよりは、未来をある程度見通すことができるというのだ。

　この説明は、先に金井氏が指摘したジャウォースキーの思考や行動にも通じる。彼は「自分でコントロールできる運」に対し、積極的、主体的に働きかけたことで、重要な場面で得も言われぬ一体感のもと、自分ではコントロールできない宿命や偶然に恵まれたのだ。

　世の中には理屈では説明しがたい"つながり"が、確実に存在する。それを非科学的だと否定するか、「どうしてだかわからないけれど、こういうのもあり得るよね」と信じることができるか。その境目は、Intuition の精度に関わってくるように思う。

》 ③魚の目――GAD ＝ VUCA を生き抜く力

「VUCA な時代」と言われて久しい。VUCA とは、Volatility（変動性）、Uncertainty（不確実性）、Complexity（複雑性）、Ambiguity（曖昧性）のそれぞれの頭文字からできた造語だ。

物事が曖昧、複雑で不確実性が高く、不透明で将来の予測が困難な状況をさす。もとは米国で用いられた軍事用語だが、今やビジネスの基本用語のような扱いである。

VUCA という言葉が生まれる以前、たとえば 1990 年頃はもっとのんびりとしていた。これも今から振り返ってみてそう思うだけで、当時は当時でせわしなくはあったが。「24 時間戦えますか」が流行語になった時代である。多くのビジネスパーソンは昼夜を問わず、せっせと働いていた。

では、現代と 1990 年頃では何が大きく変わってしまったのだろうか？

ここでは「GAD」というキーワードで紐解いていきたい。

GAD は「Global（グローバル）」「Agile（アジャイル）」「Digital（デジタル）」 の頭文字を取った私の造語で、急速な変化を迎える現代社会を象徴した三要素を表している。

Global（グローバル）と Digital（デジタル）は密接に関係している。この二つはお互いに連携しながら、ものすごいスピー

第 4 章 「どう生きるか?」を定めよう

魚の目:GAD な水質を見極めて、生存戦略を立てよう

ドで社会を変えていっている。

　たとえば、私の仕事のグローバル人材育成の現場では、10年前とは比べ物にならないほど、デジタルを使って世界中のパートナーとコミュニケーションをとっている。

　Zoom などのコミュニケーションツールを使えば、コストは最小限にできる。もちろん現地を訪れ、対面で語り合うことも必要ではある。一緒にお酒を飲んだり食事をしたりすることもお互いをより良く知るために必要ではあるが、10年前のそれが10だとすれば、今は2で問題ない。

スマホでWhatsAppを使えば、顔を見ながらミーティングができる。東京と仙台、東京とハノイは、実際に会おうとすれば距離があるが、オンラインであれば、気にするべきなのは2時間の時差だけになる。

10年前であれば、2年に1度、その人物がいる場所に出向くか、Eメールと電話のコミュニケーションというのが普通の関係性だった。しかし今は、まるで社内の同僚と同じように、2日に1回はWhatsAppやTeams、Zoomなどで10分ずつ話し、双方の現地情報をシェアしながら、一歩一歩、着実に且つAgile（アジャイル）に仕事が進んでいく。

また、私自身、ChatGPTを自分の相棒として仕事をすることが増えた。

私の場合、コンセプトをイラストや文章にしてわかりやすく伝えることが重要であるため、ChatGPTを使ってアイデアを何度も出し合い、発想を広げている。

プロンプトを工夫すれば、自分が思ってもみなかったような、ハッとさせられるようなアイデアが出てくるし、大量のデータのカテゴリ分けなどにも役立つ。また、実は私が重宝しているのが、イラスト作成だ。私の好みを伝え、こういうテイストで表現してほしい、と依頼すると、数十秒ほど待てば良いものが出てくる。

ちなみに私は「Midjourney（ミッドジャーニー）」というアプリを使っている。

第4章 「どう生きるか？」を定めよう

Midjourney で作成された絵

　実際にはもっと詳しく書いているが、「街にたたずむ若い男性をバンクシー調に」とプロンプトしてでき上がった絵が上の絵だ。これは私のワークショップで使っている。
　自分のイメージをより明確に伝えるため、Midjourney で描かせたものをベースに、プロのイラストレーターや編集者と議論をする。そうすると、とても早く仕事が進むのだ。
　GAD な人は、このコミュニティーの住人である。

　GAD をより理解するために、「LAD」と比較してみよう。
　失礼、まだ LAD についてまだ解説していなかった。
　LAD とは、
- Local（ローカル）
- Analog（アナログ）

- Dinosaur（ダイナソー／恐竜）

の頭文字をとった私の造語である。

　Local（ローカル）な人とは、日本社会で、日本人と、日本の慣習のもとでしか仕事をしたくないマインドセット。
　Analog（アナログ）な人を具体的に表現すると、
- デジタルツールよりも対面でのコミュニケーションや物理的な資料を好む
- 手書き、印刷物、電話などの従来の方法に依存している
- 技術的なスキルが限られており、デジタルツールやプラットフォームの使用が苦手
- 伝統的なオフィス環境や階層的な組織構造を好む

　そして、この、LocalとAnalogが合体すると、Dinosaurになってしまう。恐竜は、環境の変化に適応できずに絶滅してしまったわけで、人も同じように、環境の変化に適応できなければ、恐竜と同じ道をたどるのは自明の理だ。
　ここで、GADな人とLADな人の一週間を比べてみよう。

【GADな営業パーソン】
- 月曜日にクライアントから依頼を受けた、インドのムンバイ地域における富裕層の購買傾向について、ChatGPTも駆使してリサーチ。
- リサーチ結果を、まずはA4で1枚にまとめ、営業担当部長にざっと説明。その日の午後に役員の時間が取れたので、役

第 4 章　「どう生きるか?」を定めよう

員の好みに合わせて、AI を使って 10 枚のレポートを素早く作成（データとページ数が少ないと機嫌が悪くなる役員に決裁をもらうための対策）。
- 火曜日の朝に在宅で働くインド人の専門家に Zoom でコンタクトし、客観的な意見を聞く。新しい有効な情報が手に入ったので、レポートに追加し、自社の提案書として、水曜日午前にはクライアントに提出。

【LAD な営業パーソン】
- 月曜日の朝一で営業部長とミーティングし、東南アジア市場開拓の指示を受ける。
- 翌週までに、どの地域を優先順位にするか調査するよう依頼される。
- 大学時代の親友に電話し、大手商社でのアジア担当経験、および 3 年前の駐在経験を聞くために、金曜日の夜の食事をセットする。

どうだろうか？

GAD な人は月曜日にクライアントから依頼を受けたことを、すでに水曜日の午前中には提案書として提出できている。

一方で、LAD な人は、月曜日に受けた社内の依頼について、金曜日の夜になるまで有効な情報が得られていない。しかも、金曜日の夜に得られるはずの情報だって、数年前の情報かもしれない。

つまり、GADな人はデジタルツールを駆使して効率的に仕事を進める一方で、LADな人は対面コミュニケーションや物理的な資料を好み、デジタルツールの使用が苦手だ。

また、人脈についても考えてみよう。

LADな人の人脈は、自分の過去（例えば大学時代の友人）に限られがちだ。仮にその人脈が日本のトップ大学で得られたものだとしても、もし周りに日本人が多い環境であれば、そこから得られるグローバルな視野は限られてしまう。

一方で、GADな人は、世界中で人脈を築くことができる。

その結果、グローバルな情報を直接手に入れることができる。例えば、あるメガバンクの方がヨーロッパのトップビジネススクールの幹部教育プログラムに参加した際、「このプログラムで得た最大の成果は、グローバルで多様なクラスメイトとの人脈だ。これにより、いつでもグローバルな情報を直接得られるようになった」と語っていた。この方は、この人脈により、自分が何かを発信したり質問したりすると、すぐに答えを得られるという感覚を持てたという。

GADは変化に対応し、グローバルな視野を持ち、柔軟に対応するからこそ、結果を出すまでのスピード感がLADな人とまったく異なるのだ。

GADとLADの対比を見ていただいたうえで、GADについて話そう。改めてGADの三要素、「Global」「Agile」「Digital」について説明しよう。

まずはDの「Digital（デジタル）」についてだ。

第4章 「どう生きるか？」を定めよう

【GADな人】　　　　　　　　　　【LADな人】

「G」lobal
国内外どこでも、日本人外国人誰とでも、オフィスでも自宅でも協働できる

「A」gile
時代の変化に適応し、顧客を理解し、結果を重視する。イノベーティブで俊敏に動き続ける

「D」igital
デジタル技術に対するオープンな姿勢と、日常生活で使いこなす力がある

「L」ocal
日本人社会で日本で、日本の仕事のルールでしか働きたくない

「A」nalog
デジタルツールやテクノロジーに不慣れで、伝統的なスキルや方法に過度に固執する

「D」inosaur
時代の変化に気づかず、適応しないために生きる恐竜となっているが、本人はそのことを認識できていない

　LADのAnalogな人々が好む手書きや印刷物、電話などとは対照的に、GADな人々はデジタルツールを積極的に活用する。スマホやタブレット、パソコンにスマートウォッチなどのモバイルデバイスは、今や社会生活を営むうえで必須のツールである。
　デジタルネイティブと呼ばれるZ世代にとって、LAD的な

ツールは非常に古く感じるだろう。

このような社会のデジタルシフトは、何をもたらすのか。そこで出てくるのがGADのGの「Global（グローバル）」だ。

LADのLocalな人々が日本国内でしか仕事をしたくないのとは対照的に、GADな人々は世界を視野に入れている。

前述した私の例のように、デジタルテクノロジーの発達により、国や地域間における距離による隔たりが無くなり、私たちは世界中の情報を受発信し、世界中の人たちとやり取りするようになった。

そして最後がGADのAの「Agile（アジャイル）」。

「俊敏な、機敏な」という意味のとおり、機動力に長け、クイックに変更と改善を繰り返すことをさす。これはLADのDinosaur（恐竜）的な硬直した働き方とは対極にある。

日本人は、このアジャイルが苦手だという研究結果がある。オランダのヘールト・ホフステード博士によると、日本は「不確実性回避指数」が著しく高く、前例のないことを敬遠し、形式や構造を求める傾向にあることがわかっている。

一方でGADな人々は不確実性回避指数があまり高くなく、失敗に対して寛容だと見ることもでき、まずは動き出してみて、顧客や相手の反応を見ながら変えていこうというアジャイルなものの進め方にあまり抵抗がない。

第4章 「どう生きるか?」を定めよう

　まとめよう。VUCAのような展開の早い、先行きの見えない世の中では、受け身の生き方をしていたら、あっという間に取り残される。「会社で働く自分には関係ない」と思っていたら大間違いだ。もし自身の会社が社会に対して受け身の姿勢でいたら、気づいた頃には時代遅れの社員であふれる組織になってしまう。そもそも組織を構成するのは人である。あなた自身が新陳代謝の鈍い細胞では、組織が活性化することはあり得ない。

　そしてこの不透明な世界を生きるうえでのキーワードは、Global（グローバル）とAgile（アジャイル）、そしてDigital（デジタル）だ。つまり、GADにあると認識してほしい。
　そのことを頭の片隅に入れておくだけでも、入ってくる情報や自分の置かれた状況に対する捉え方が変わって来る。

　話が大きすぎるだろうか？
　いやいや。朝、ふと前を通りかかったカフェに入って、スマートフォン片手にコーヒーを飲むあなたは既に、"アジャイル"な判断を元に、"グローバル"という大きなシステムに組み込まれ、"デジタル"の世界に足を踏み入れている。決して誰も、他人事では済まされないのだ。

》古いシステムをアンラーンする

　私は、グローバル・エデュケーションのミッションである「世界中の教育プログラムと企業、団体、個人の学習ニーズを結びつけ、グローバルに活躍する人々の能力開発を促進する」ことを本気で信じている。

　日本人として、さまざまなデータで日本の国力低下が明らかになる中、近い将来、日本がG7から外されるような事態は避けたい。そのためにも、日本の企業と個人をグローバル化し、自立マインドを持ってもらうことで、国も個人も強くしていきたいと考えている。

　日本のGDPがドイツに抜かれて4位になり、大きな話題となった。背景にあるのは、日本の経済がこの30年間ほとんど成長していないことだ。特に時間当たりの労働生産性は、諸外国に大きく水をあけられている。これは順位以上に深刻な問題である。

　こうした現象が起こったのは、VUCAな時代の到来とGADに見て見ぬふりをし続け、慣れたやり方に固執した結果だ。未だ私たちの日常では、決裁が集中するピラミッド型組織を保ち、何かをするにもいくつも稟議を通さねばならない。事あるごとにそれを繰り返し、ようやくGoサインが出た頃にはタイミングを逸している。

　もちろん経営はただ手をこまねいているわけではない。何と

か仕組みを変えようと試みてみるものの、組織に蔓延する強い不確実性回避性向がネガティブ要素ばかりを並べ立て、結局元のやり方に戻ってしまう。経験済みの手順は安心できるし、その場はスムーズに事が運ぶが、変革を見送ったことになる。

そうした状況にある私たちが、VUCAな時代を生きるうえでまず必要なのは、古いシステムからの脱却、すなわちアンラーニング（既存の知識や思考を手放すこと）である。これまでの当たり前を疑い、時代遅れでこれからを生きるうえで足かせになるものには、見切りをつける。そして新しいシステムへとリラーン（学び直し）するのである。

とはいえ、「話は理解できるが、今いる組織や現在の仕事でアンラーニングを試みるなんて」と感じる人も多いと思う。ア

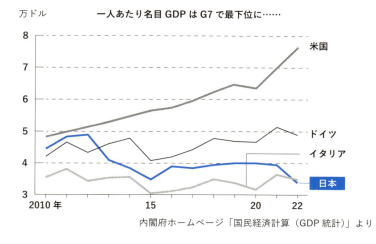

内閣府ホームページ「国民経済計算（GDP統計）」より

ンラーニングはこの本を読むあなたのみならず、所属先や上司、共に働くパートナー（さらに言えば、家族や友人たち）も関わってくる話だからだ。特に組織は"長い物には巻かれろ"が、通用しやすいところでもある。このまま周りに合わせてうまくやっていくほうが得策だと考えるのも無理はない。でもそれではマンモスがつまずき倒れるのに、加担していることになる。小さくても、自組織のゲームチェンジを図るべく行動すべきだ。

たとえば社内の変革プロジェクトや新規事業開発に手を挙げる、同志を募って新しいやり方を模索する、社内で難しければ、会社の外で新しいシステムを試みる場を探してみるのはどうか。

このシステムの脱却と再起動は、話し始めたらきりがないので、本書での具体的な扱いは見送りたい。ただひとつ言えることとして、社会のこと、政治のこと、キャリアやテクノロジーについても、新しいシステムへの言及はあらゆるメディアで確認できる。社会の一員として、そうした情報に対する感度を高くすることが、GAD社会では必須といえよう。

>> 誰もがリーダーシップを発揮できるだけの自律が問われている

GADな世界で結局大事なのは、「自分の頭で考えて、判断し、行動に移す」という自律である。高度経済成長期のように、良い会社に入れば、若い頃は多少苦労しても40代に突入すれば給料が大きく上がる、定年まで働けば家族ともども食いっぱぐ

第4章 「どう生きるか?」を定めよう

れることなく生きていけるという時代ではない。またこれだけ外部環境の変化が激しい世の中である。会社の外に目もくれず盲目的に働いていても、結局は組織に貢献できない。

またこれから起こるであろう産業構造の変化と人口減少を踏まえると、人材流動性はより高まっていくのは言うまでもない。かつての一般的な社会人のように「新卒で入社してから定年までひとつの会社で働き続けた」としても、そこには自身の意志と選択あっての結果という重みはますます増していく。自分の人生を他責にしないという当たり前の意志が、より大切になってくるのである。

そして GAD が発展した社会は、複雑多様化がひとつのキーワードとなる。国境を越え、時空を超え、アジャイルにものごとが進んでいく。たとえば仕事でも、プロジェクトに関わる一人ひとりが、プロジェクトで扱うテーマを自分のことと捉えて臨むと同時に、個々の働きかけを引き出す、生かすチームワークが問われるのである。なぜなら国籍や年代、スキルに影響を受けたカルチャーなど、バックグラウンドの異なる人同士でのやり取りになるからだ。

同質的な組織と違い、そのプロジェクトにおけるあなたの存在意義は格段に重くなる。なぜなら、あなたと近い暮らしや価値観の持ち主が他にいない、ということも珍しくなくなるからだ。「言わなくてもわかる」は通用しないし、逆に周囲のあなたとの"違い"を生かす振る舞いやコミュニケーションが問わ

れる。

　となると、組織におけるリーダーシップのありようも変わって来るはずだ。"リーダーシップ"と聞くと、"優秀な上司が部下を引っ張っていく"というような、主従の構図を思い浮かべる人が多い。だが、このようなリーダーシップの捉え方は、現代のように複雑性の高い環境下では不向きだとされる。

　理由はいくつか挙げられる。ひとつは権限が集中することで持ち帰ることが多くなり、アジャイルに仕事が運ばないことだ。変化が激しく、素早い判断が求められる今の時代にまったく合っていない。次に不透明で不確実な社会では、過去や前例が通用しないこともままあり、過去の経験がかえって判断の足かせになることも起こり得る。

　そもそも、これだけ複雑高度化した現代のビジネスを、上司一人がすべて把握しきれるはずがない。リーダーとはいえ、"わからないこと"が多過ぎるのである。そのうえ部下の仕事やキャリアについて細部にわたって丸ごと背負い込むなど、もはや不可能に近い。従来型のリーダーシップは、機能不全になりつつあるのだ。

　次世代のリーダーシップは、特定の誰かに固定されたものではなく、組織に関わる一人ひとりが場や状況に応じて発揮するものになる。アカデミック界隈では、従来型のリーダーシップに変わり、次世代型のリーダーシップがいくつも開発されている。そのひとつに、**エンパワーメント型リーダーシップ**がある。エンパワーメント（empowerment）とは、自分の力で自分の

行動を決めること。それぞれが主体者として、リーダーシップを発揮する形がエンパワーメント型リーダーシップといえる。

エンパワーメント型リーダーシップのカギを握るのは、この項のはじめに取り上げた「自律」である。仮に権限がマネジメントからプレイヤーへ委譲されたとしても、プレイヤー自身に相応の知識やスキルがなければ、判断できない。またスキルを満たしたとしても、決裁するだけの責任と自信を持てなければ、やはり形骸化してしまう。

結局ここで大事になってくるのは、GRIT やしなやかマインドセット（Growth Mindset）のような、Purpose of Life の実現に向けた情熱や粘り強さ、前向きに取り組める姿勢や努力だ。状況に応じ適切に決断できるだけの Able と、携わるテーマに対する Passion がリーダーシップの発揮を左右するからである。だが複雑多様化した不透明な社会では、"リーダーシップを発揮しなくても良い人"は存在しない。

さあ、これで gALf のすべての要素が出揃った。ここまでを読んで、あなたは未来の自分にワクワクしただろうか。それとも逆に、この先を生きるのに不安が増してしまっただろうか。gALf な生き方が定義化できないのと同様に、gALf をどう受け止めるかは、個人の自由である。

ただここまで述べてきたことを信じられるか、共感できるかは、あなたの身に起こる偶然を自分らしく生きる機会へと昇華する頻度に深く関係してくるだろう。また"思う"だけでは人

生は変わらない。居心地の良い自身が慣れ親しんだ環境を飛び出して、これまでの延長上にはない判断や行動をしかけることも必要だ。きっと日々の中に揺さぶりが生じるはずである。

　次の章では、その"揺さぶり"をどのように起こすかについて、一緒に考えてみたい。

明日から取り組める4つのチャレンジ

1 ■鳥の目を鍛える：目的を持って行動する
仕事や人生において、ただがむしゃらに取り組むのではなく、明確な目的（Purpose of Life）を意識することが重要だ。自分が「何のためにこの仕事をしているのか」「どのような人生を送りたいのか」を常に問い直し、それに基づいた行動を取ることで、成果をより確実に手にすることができる。

2 ■虫の目を鍛える：現場で直観力と俯瞰力を磨く
日々の仕事や人間関係、現場の状況や自分の経験に基づいて、瞬時に最適な判断を下す力を養う。これは、日々の実践と内省を通じて鍛えられる。

3 ■魚の目を鍛える：GADな時代に適応する
現代のビジネス環境では、グローバル化、アジャイル（迅速かつ柔軟な対応）、デジタルが重要な要素となっている。自分自身の情報収集や分析・行動力がGADなのかLADなのかを点検しよう。

4 ■シンクロニシティを信じ、良い偶然を活かす
人生やキャリアの中で、偶然の出来事や出会いを無視せず、その機会を活かす姿勢を持つことが重要だ。自分の目的や直観を信じて行動することで、シンクロニシティ（意味のある偶然の一致）が起こりやすくなり、それが新たなチャンスや成功へとつながる。

第 5 章

gALfな人に
近づくために

良い偶然を生む gALf な人には どうしたらなれるのか？

>> gALf は互いに関係し合い、同時多発的に発達していく

キャリアというものは、良い偶然が起きるように仕掛けていく人に幸運の女神が微笑む。

繰り返しになるが、gALf の難しさは「成功のメソッド」ではない点だ。仕事がうまくいっている、難しいことにもいきいきとチャレンジしている、周囲に謙虚でありながら積極的である、好奇心旺盛で人間的な魅力に溢れているような人たちの特性をフレームワーク化したものに過ぎない。

gALf に沿った生き方や、習性を身につけていく過程は一人ひとり異なる。

ましてや自分の生きる意味、目的（Purpose of Life）など、生まれた瞬間にわかるはずがない。10代の頃の動機ややりたいことはさまざまだ。「とにかくお金持ちになりたい」「一流大学に入って一流企業に入りたい」「異性に好かれたい」「世界を旅したい」「穏やかに暮らしたい」などなど。gALf の好循環が回り始めると、そんな初期の動機ではない自分のオリジナルが見えてくるものだ。

さまざまな出来事や出会い、学びを重ねていく中で独自の価値観を培い、仕事のやりがいや生きがいを見つけながらなんとなく理解するものだ。それこそ ALPA が回り始めて、やっとはっきりとしてくる。

　スポーツ選手やピアニストのように、幼少期から夢中になって取り組んでいる何かがあるならともかく、大半の人たちは学業に本格的に取り組み始めてから、あるいは仕事に就いて自立するようになってからが本番だ。私たちははじめから、Purpose ありきで人生の軌跡を築いているわけではないのである。

　実際に gALf は互いが密接につながり合い、影響を及ぼし合っている。仮に、ある人の今と 10 年前を比べて GRIT（やり抜く力）が高まっていたとして、その要因となったのは"ある仕事"に取り組んだ結果（Able を得た経験）というのは十分起こり得る。

　第 4 章で述べた foresight での 3 つの視点（鳥の目・虫の目・魚の目）も、たとえば仕事で周りをリードする立場になる、ステークホルダーの多いプロジェクトに就く、プライベートなら家族を持つ、職業での知見を活かして地域活動に参加するなど、ライフステージが変わることで理解が進む部分もある。あなたが日々過ごす時間の中で、同時多発的にそして複合的に、gALf の素となるものは芽生えているのである。

>> 未来を変えたければ、今を変えることだ

　本書は「今の働き方のままで良いのか」と悩む人に向け、その処方箋として gALf な生き方を提案している。

　だが「こうすれば、あなたも gALf になりますよ」と、具体策を提示できないところが何とももどかしい。

　なぜなら gALf には「確実で保証のある解」がないからだ。100 年という長い人生の途中で、どのような偶然がキャリアのターニングポイントとなり、何が Passion に火をつけるかはわからない。 100 人いれば、100 通りの gALf スタイルが存在する。仮にそのうちの 1 つを取り出し「これが gALf な生き方だ！」と紹介したとしても、それは一つの例に過ぎない。

　とはいえ、「あなたは、今のままで良い」と言いたいわけではない。あなた自身の何かを変えなければ、これまでとは異なる"偶然の出来事"は訪れない。もしかしたら、自分から何も行動を起こさなくても、突然の配置転換で天職につながる職務に就いたり、人事異動であなたの人生を根底から揺さぶるような上司が現れたりする可能性もゼロではない。

　だが、そうならない可能性のほうが圧倒的に高いわけで、他力本願でキャリアが好転することは稀である。

　「寝て起きたら、gALf な人になっていた」ということはあり得ない。日々、耳目に触れる情報の受け取り方や考察、判断

や行動の積み重ねがgALfな素養を築き上げていく。ならば自らが変化することや、目の前に起こる偶然を恐れず行動することだ。他者に依存する感覚から脱却し、心地の良いぬるま湯から飛び出そう。

今あなたに必要なのは、**"不満はないけれど、満足でもない"現状から離別する覚悟**だ。覚悟さえ決まれば、「あいつ、どうしたんだ？」「妙に張りきっているな」といった外野の声も、やがて気にならなくなる。

>> gALfな生き方に近づく4つのステップ

でも、どうしたら変われるの？　──そう思うのも無理はない。「現状を変えたいけれど、変え方がわからない、それを知りたいんだ……！」という読者が大半かと思う。

私は通常、gALfのワークショップを企業向けに実施している。その中では、答えのない人生の問いに対して、受講者同士がお互いに対話をしていただく時間を重視している。自分が語ったこと・語らなかったこと、他者が語ったこと、そこから自分が何を感じたのか、を大切にしている。そこから自分との対話をしながら、gALfな生き方を感じていただくような作りになっている。

しかし、書籍だとそうはいかない。読書会で取り上げない限

り、基本的には、著者と読者というある意味一方的な関係だ。そんな中でも gALf な生き方に近づくための演習ができないか？ ということで、私はこの書籍をつくるにあたって、仲間と共に「gALf な生き方に近づく 4 つのステップ」を考えてみた。一人で自分自身との対話を促す内容にしたつもりだ。これらのステップを通して、偶然の出来事を機会へと変え、より自分にとって望ましいキャリアを築けるようになるための助走だと捉えていただきたい。

【gALf な生き方に近づく 4 つのステップ】
ステップ 1　尊敬する人を gALf を通して分析する
ステップ 2　自身の「ものさし」を手に入れる
ステップ 3　どの Able を大きくするのかを考える
ステップ 4　どう生きたいかをイメージする

　各ステップの詳解は後に回すとして、このフレームワークのねらいを説明しよう。

　はじめにステップ 1 とステップ 2 について。ここまで読み進めてきたなら気づいている人もいると思うが、**gALf は物事の受け止め方に起因するところが大きい。** 想定外の出来事に困惑するか、わくわくするか。乗り越えるべき山を単なる苦難と捉えるか。青天の霹靂を前に「もうダメだ」と諦めるのか、「また一から始めたら良いさ」と楽観的になるのか。

そのため現時点でのマインドセットを自覚し、物事への関心や反応を変えていくことが大事になってくる。それを具体化したのが、ステップ1とステップ2である。

続くステップ3と4は、gALfに生きていくうえで解像度を高めていくプロセスになる。それには自身を見つめ、どう生きたいのか、あるいは、なぜ今の生き方にしっくり来ていないと思うのか、立ち止まって考えてみる必要があるだろう。でなければ、納得のいかない現状を、しぶしぶ受け入れ続けることになる。この時点で「今は不満だらけだけど、いつかこの我慢が報われる」と思っているようなら、もう一度この本を頭から読み直したほうが良い。

といっても自分を見つめ直したからといって、Purpose of Lifeが明確になるとは限らないし、仕事も周りの環境も、すぐさま何かが変わるということはないだろう。だが、4つのステップを経て、今置かれた状況を機会として受け入れられるようになったとしたら、きっとその後の振る舞いや発する言葉は、昨日までと違って来るはずだ。その変化を一つひとつ積み重ねていくことで、ALPAサイクルやHAM、すなわちgALfな生き方へとつながる。

ではステップ1から詳しく見ていこう。

> ステップ1

尊敬する人を gALf を通して分析する

>> 結局のところ、gALf な人とは

　この本では再三にわたり、gALf に明確な正解はないことを述べてきた。100 人いれば 100 通りの gALf の形があり、人生のどのタイミングで ALPA サイクルが回り始めるか、また自分にしっくりくる Purpose of Life を見出せるかは、正直なところ誰もわからない。

　しかし gALf な人に見られる共通点として、**GRIT に長けている、優れた羅針盤（foresight）を備えている、楽観的である、メタ認知に優れている、観察力がある、精神的に自律している、寛容である、道義的である、リスクを恐れない、好奇心旺盛といった要素が挙げられる。**
　だが、これらがどのように表面化するかは、人それぞれだ。だからこそ、自分が「こういう人になりたい」、「この人はかっこ良い」と思う人を見つけ、gALf のフレームワークを当てはめて分析してみる。そうすると、憧れの人に対する解像度が上がり、gALf の理解度も深まるだろう。

第5章　gALfな人に近づくために

　自分自身の人生を通して、HAM（H：本物の仕事をし、A：周囲から感謝され、M：納得できる収入を持つ）を達成するには時間がかかる。そのために有効なのが gALf の好循環を若いうちから理解して意識し、日々の行動に移すことだと私は考えている。しかし、ずっとお伝えしてきているとおり、それを短期間で達成することは難しい。Able の数と量を増やす過程では、多くの困難にぶつかる。自分は本当にこの仕事に向いているのか？　他にもっと自分が輝く場所があるのではないか？　これを続けて何が見えてくるのか？　悩みはつきない。

　自動車の大量生産に成功し、自動車を一般大衆の手が届くものに変えたフォード自動車の創業者でもあるヘンリー・フォードも、このように言っている。

> 「*努力が効果をあらわすまでには時間がかかる。*
> *多くの人はそれまでに飽き、迷い、挫折する*」

　一つひとつの Able が線でつながり、面になり、立体になる頃、自分が本当に好きと思える仕事が見えてくることをひたすら信じる。立体になるためには、数年という単位ではなく、十年、あるいは数十年かかる場合だってある。その時に、gALf の好循環を起こすことを信じ続けられるか？　自分の大きくしてきた Able が線でつながっていくような感覚を信じることができるだろうか。

　信じることは忍耐力を要する。結果が出るまで時間がかかる

からだ。だからこそ、私がおすすめするのは、周囲を観察して、自分の周囲にいる尊敬する人を gALf のフレームワークで分析することだ。自分が gALf の好循環を信じるかどうか、自分の目で観察し納得することが重要だからだ。

》》 ワーク 尊敬する人の gALf 分析

【手順】
① あなたが「gALf サイクルが回っている」と感じ、尊敬できる実在の人物（モデル）を取り上げる。会社の上司や家族、恩師といった知り合いでも良いし、有名人や歴史上の人物でも構わない。ただしその人にまつわる情報の多いほうが gALf な要素を引き出しやすい。
② ①で挙げた人について、なぜ gALf が回っていると思うのか。モデルの魅力を考察してみよう。

〈考察する際の注意点〉
　できる限り、具体的なエピソードをもとに検証すること。モデルが会社の上司なら、たとえば新しいプロジェクトに対するメンバーへの動機づけや、何か問題が起こったときの対処の仕方、個人的なやり取りの中で交わした言葉などから探ってみる。またそのときの態度や表情、視線の送り方や発声、**姿勢**なども思い返してみてほしい。その人が発する言葉だけではなく、非言語のジェスチャーなども含めて総合的に考察することで、より深く魅力が理解できるだろう。

さらに可能であれば、ぜひ本人にインタビューをしてみると良い。といっても堅苦しく考える必要はない。
　ランチタイムやお酒の席、外出したときの移動時間などを使って、自分と同じくらいの歳の頃にどんなことを考えながら仕事をしていたか、壁を乗り越えたときのエピソード、今の仕事に対する思いなどを、それとなく聞いてみよう。1on1のときに、キャリア相談の延長でたずねてみるのもありだ。

　スマートな仕事ぶりが印象的な相手でも、常に順風満帆だったとは限らない。"今"だけを切り取っても、先輩たちのAbleを大きく深くさせていった体験はなかなか見えないものだ。だが、どこかで成長の鈍化を自覚した時期、リスクを恐れず大胆なチャレンジに出たタイミング、苦い思い出だが今の仕事観につながる失敗など、己を磨き、力に変えていった時間があるは

gALfな人を分析してみよう

ずだ。そこで腐らず、光り輝く歯車であり続けた理由をぜひ探ってみてほしい。

>> 憧れの人になりきって
　　gALf な振る舞いを習得する

　モデリング（Modeling）という言葉を聞いたことがあるだろうか。神経言語プログラミング（NLP：Neuro Linguistic Programing）と呼ばれる心理学の手法のひとつで、バンドラーが提唱したとされる。見本（モデル）となるものの行動や動作の、観察や模倣をすることで成り立つ学習をさす。

　私たちの生活の中で、モデリングは日常的に取り入れられている。子どもにトイレの使い方や歯磨きを教えるとき、親が先に見本を示してから真似をしてもらうだろう。会社でもまずは先輩社員の行動を観察し、同じようにやってみるという OJT が頻繁に行われているはずだ。またスポーツでも憧れの選手のフォームの真似をする、ダンサーが踊るのを模倣して振付を覚えるのもモデリングといえる。

　gALf は人生における成功者の、行動特性のフレームワークである。だとすれば、このモデリングを使わない手はない。gALf な人の立ち居振る舞いや言動、所作を観察し、自分の中に取り込むのである。

gALfは望ましい行動や思考の習慣づけがカギになる。憧れに近づくには、恥ずかしがらずに真似してみることだ。そしてモデリングをしていたことすら忘れるほど定着した頃には、あなたならではのgALfな振る舞いが完成していることだろう。

≫ ワーク 尊敬する人の思考を反映する

次は、自身が選んだ相手になったつもりで、振る舞いだけでなく自身の行動や判断にも反映をさせてみよう。あらゆる場面において、「○○さんならどうするだろう？」と考えて、そして実際に考えたとおりにしてみる。いつもと異なる選択をすることで、運命が違う形で動き出すかもしれない。

ちなみに、取り上げるモデルは1人に絞る必要はない。世の中の誰もが複数の顔を持つ。仕事モードのときと子育てモードのときとでは、憧れの対象も違ってくるだろう。あるいは職場でも取引先との交渉のお手本にしたい先輩と、後輩への接し方が抜群にうまくて一目置く先輩が同一人物とは限らない。それにモデルは年上である必要もない。

ステップ2

自身の「ものさし」を手にいれる

》 "自分自身の"ものさしを経験を通じて発達させる

　第4章で、私たちに今必要なのは gALf のマインドであることを解説した。そしてその理由として、世界的に競争が激しくなっているのにもかかわらず日本というフィールドだけで判断し、国民全体が井の中の蛙になっているのではないか、と指摘した。

　特に深刻なのは、他人が決めたものさしを固く信じ「"自分自身の"ものさし」の発達が未熟なことだ。自分が「良い」と思ったこと、感じたことに対し自信を持って認められず、他の誰かが共感してくれないと受け入れられない。誰かが「良い」と言ったものが、わたしの価値観であると錯覚している状況に気づいていないだけ、という場合もあるかもしれない。極端なケースでは食後のデザートを自分だけ別のものを頼んだ、リクルートスーツの色が自分だけ黒ではないというだけで、そわそわしてしまう。

　私自身が何を良いと思うのか、何がダメなのか、という"自分自身のものさし"をさまざまな経験や内省を通じて、自分自

身で作っていく必要がある。たとえば、アメリカ人はレストランで出されたものをそのまま食べるというより、自分の好みの調理の方法やアレンジを伝えるのが一般的だ。そのような小さいことからも"自分自身のものさし"を作っていく必要があるのだ。

≫ 人生のハンドルを握るのは、"あなた"だ

　良い会社に入れば安泰だ、結婚し家庭を持って初めて一人前であるといった一般論や、〇歳までに昇進試験に合格しておくことが出世の条件だ、あの上役とつながれば将来は確実だというような、社内の慣例に従うことで、幸せになるという時代ではない。

　もしかしたら、それは"幸せ"というより、"不幸ではない"という感覚のほうが近かったのかもしれない。

　実際、不幸にはならなかったと感じる人は多いと思う。だが、"幸せかどうか"については、若干の疑問が残るのではないだろうか。

　しかし自分を幸せにするのは、やはり自分である。

　経済成長が盛んだった40年前とは違い、幸せのビジョンは画一的なものではなくなった。誰かのものさしに合わせているだけでは、"わたし自身の"ものさしに合った幸せな生き方は実現しない。

　gALfな生き方が定着しHAMに至る人の多くは、人生のど

こかのタイミングで"わたしの"ものさしを見出している。はっきりと、目盛りがついているものとは限らない。けれどもしっかりとした価値観が確立し、何が大切なのかを、自分の尺度で判断できるのである。

　あなたのこれまでの人生において、誰かのものさしにどれだけ影響され続けてきただろうか。gALfに生きるには、その"とらわれ"を外すことが大事になってくる。

「"あなたにとっての"幸せ」と
「"大衆の"不幸ではない」を見誤らない

>> セルフトークで自らに呪いをかけていないか

　"誰かのものさし"という言葉で社会通念的な"とらわれ"を扱ったが、実は"わたし"自身がかけている"とらわれ"も

第5章　gALfな人に近づくために

存在する。

　生涯を貧しい人への奉仕に捧げ、ノーベル平和賞にも選ばれた修道女として有名なマザー・テレサは生前、次の名言を残した。といっても、「マザー・テレサの言葉」とされているのはどうやら日本だけであり、元に誰が述べたものなのかは定かではない。

> 思考に気をつけなさい、
> それはいつか言葉になるから。

Watch your thoughts, for they become words.

> 言葉に気をつけなさい、
> それはいつか行動になるから。

Watch your words, for they become actions.

> 行動に気をつけなさい、
> それはいつか習慣になるから。

Watch your actions, for they become habits.

> 習慣に気をつけなさい、
> それはいつか性格になるから。

Watch your habits, for they become your character.

> 性格に気をつけなさい、
> それはいつか運命になるから。

Watch your character, for it becomes your destiny.

何を思うか、そして何を語るか。
　アメリカで30年以上にわたり、セルフトークと能力開発の

研究に携わってきた、シャド・ヘルムステッター氏はセルフトーク、すなわち心の中のつぶやきが脳に及ぼす影響を調べ続けてきた。

　同氏の著書『セルフトーク超入門』（ディスカヴァー・トゥエンティワン刊）によれば、人間の脳は見聞きしたものだけでなく、自ら発した言葉や心の声などのメッセージを一時的に保存する。中でも繰り返し受け取ったメッセージは、脳の中に強く組み込まれるという。そして私たちは、この組み込まれたメッセージを「真実」と捉え、思考や発言、行動に反映させていくのである。

　ここでいう「真実」とは、世間の真偽は関係しない。脳が潜在意識下で「これが本当のことだ」と受け止めてしまうのだという。ということは、日ごろからネガティブな考えや言葉を発していたとすると、その人の脳は常にネガティブな考えを起点に発想するようになるということだ。

　残念ながら（という言い回し自体がネガティブだが）世の中は、ネガティブな言動に溢れている。
　ヘルムステッター氏によれば、**どんなにポジティブな家庭で生まれ育ったとしても、18歳になるまでに14万8000回ものネガティブな言葉を耳にすることになるという。**

第 5 章　gALfな人に近づくために

　自分自身についても振り返ってみよう。あなたは日ごろ自分に向けて、どのような言葉をかけているだろうか。少し古い情報になるが、アメリカ国立科学財団が 2005 年に発表した研究によると、人は 1 日のうちに約 1 万 2000 回〜 6 万回もの考えごとをしているという。さらにその 8 割、6 万回の場合なら 4 万 8000 回はネガティブなものなのだそうだ。

　もしこれらの説が正しいとして、毎日、毎日繰り返し、「イヤだなあ」「やってもムダ」「どうして自分だけ」「これはできない。私にはムリだ」と考えてばかりいたらどうなるか。当然のことながら、物事をマイナスに受け止める思考が習慣化されていく。ネガティブな考えに"とらわれ"るようになる。

　ヘルムステッター氏は著書の中で、ネガティブな人はポジティブな人より問題解決に苦労して自滅する傾向があると述べている。そして否定的な言葉に苛まれる人々を「ネガティブセルフトーク障害」と称し、段階的に次のような弊害が起こると指摘する。

レベル 1（軽度）：人生がうまくいくという信念を失いかけている。自分を卑下し、人生に振り回されているように感じる。
レベル 2（中度）：被害者意識が強く、チャンスを次々と逃してしまう。

レベル3（重度）：毎日が憂鬱で仕方がない。ネガティブ思考こそが現実的な思考法だと信じている。

　実際にネガティブな考え方に凝り固まった人の脳を調べると、右前頭前皮質という問題回避を促す部位の神経回路がより発達しているのだという。
　だが同時にヘルムステッター氏は、脳の神経可塑性(かそせい)にも言及している。脳は生涯、新たな経験や情報によって、新しい神経回路を築くことができる。すなわちセルフトークの質が変われば、脳の構造も変化するということである。事実、ポジティブ思考を訓練した人たちは、左前頭前皮質により多くの神経回路をつくっていた。先ほど説明したところとは異なり、問題対処に向けより良い方法を見つけ出す、ポジティブな行動につながる部位だという。
　まとめよう。日々の言動を振り返ったとき、あなたは自らの言葉の呪いにかかり、ネガティブな考えに"とらわれ"てはいないだろうか。もし心当たりがあるならば、まずは心のつぶやきをはじめ、言葉を変えることから始めてみよう。

》》 ワーク セルフトークを書き換えよう

　ネガティブな"とらわれ"からの脱却は、否定的な言葉からの卒業からだ。セルフトークを肯定的な言葉に変え、ポジティブ思考を習慣化しよう。

【手順】

1 〈意識化〉まず、普段の使っている言葉の把握から始めよう。口ぐせや自分がよく使う言葉、つぶやきなどを注意深く観察する。『セルフトーク超入門』(ディスカヴァー・トゥエンティワン刊)によると、30日間の観察、音声の記録と第三者による指摘が有効だという。
無意識的に使っているネガティブな言い回し、心のつぶやきは特に注意だ。自分で書き出してみて、自身の思考や判断がどのくらい言葉に影響されているかを感じてみよう。

2 〈置き換え〉次に、ネガティブな表現をポジティブな言い方に置き換える。否定的な言い方をしていると気づいたときが、置き換えのチャンスだ。ポイントは悲観的な感情に支配されている言葉を、是正することにある。ポジティブな言い回しのコツは、あるべき姿の具体化にあるという。自分に嘘をつくのではなく、なりたい自分の表現を心がけよう。

3 〈繰り返す〉一度や二度言い回しをポジティブにしたところで、脳のつくりは変わらない。めざすのは、物事の受け止め方や思考の変化である。セルフトークを書き換え続け、肯定的な捉え方、考え方を定着させよう。『セルフトーク超入門』では、書き換えた言葉を録音し、ヒアリングすることも提唱している。

例1
「あー、もうダメだ。せっかく準備したのに台無しだ」
↓
「ここが都合悪くなっただけじゃないか。この部分を直せば、十分リカバリーできる」

例2
「自分は大したことない。こんなこと絶対できない」
↓
「初めて取り組むことになるが、○○なら経験がある。自分の可能性を信じよう」

例3
「私より××のほうが優秀だ。この仕事も××がやれば良いのに」
↓
「××も、この仕事のようなことを経験してひと皮むけたはずだ。今度は自分の番だ。必ずやり抜く」

　ヘルムステッター氏によれば、特に自分にとって重要なテーマについて、セルフトークがポジティブに書き換わると、他の分野も同様にポジティブな変化を遂げる。

　実際に同氏は、かつてダイエットに関するセルフトークの書き換えによって、25キログラムもの減量に成功した。さらにほかの分野についてもポジティブなセルフトークを実践したところ、雨の日が不快になることもなくなったし、誰かに嫌なことを言われても気にならなくなったという。

　ただし1点だけ注意がある。セルフトークでポジティブな生き方を決意したら、行動に移すことだ。実行が伴わなければ、

第 5 章　gALf な人に近づくために

脳はネガティブな考えにまた引っ張られてしまう。

　書き換えを始めて数日後には心の持ちようやモチベーションに変化が現れるという。だが脳が新しいメッセージに適応し、組み込んでいくには数週間はかかるという。粘り強く取り組もう。

　ヘルムステッター氏は、セルフトークをポジティブに変えることのメリットとして、より自分を大切にするようになることで、健全な生活を送れること、人との接し方が誠実で前向きになるため、人間関係が好転することを挙げている。そうした人には当然ながら、"良い偶然"も起こりやすい。セルフトークを味方に、ポジティブな思考習慣を身につけ、gALf の好循環を意識するようにしよう。

ステップ3

どのAbleを大きくするのかを考える

>> あなたの仕事に対する受け止め方を明らかにする

あなたは身の回りに起こる出来事を、どのように受け止める傾向にあるだろうか。何か大きなプロジェクトに関わることになったとき、チャンスと思うか、恐怖と捉えるか。地道な作業を必要としたとき、基礎固めだと割り切るか、面倒だと思い続けるか。何かを頼まれたとき、期待の表れだと解釈するか、押しつけられたと感じるか。

物事の受け止め方は、その後の行動にも作用する。
前向きに考えられればやる気が湧いてくるだろうし、後ろ向きな発想は消極的にさせる。常にポジティブでいろと言いたいわけではない。
だが、事実は事実でしかない。そこにポジティブもネガティブもないのである。受け手自身がどう感じるかで、印象が変わるに過ぎない。

置かれた状況を前に、過剰に恐れたり嘆いたりせず、だからといって浮かれ過ぎず、「今の自分にできることは何か」を冷静に考え、実行に移す。遠慮してばかりではチャンスの女神の

第 5 章　gALfな人に近づくために

前髪はいつまでもつかめないし、自分の利益ばかり考えているようでは周囲からの信頼を得られず、長い目で見て結局損をする。やるべきことを悔いが残らないようにやりきり、あとは天命を待つ。

　そのくらいの姿勢で臨んだほうが、人生もうまくいく。

　自分が現在行っている仕事を棚卸ししてみよう。どんな内容の仕事に喜びを感じ、あるいは苦手だと感じているのか？　さらに成長するために、いま、何に力を注ぐべきか？　どんなAble を大きくするのか？　それを今から考えよう。

〉〉 ワーク　My Job

【手順】
① あなたが今取り組んでいる仕事や、プロジェクトに関係する業務を5〜8つ挙げる。
　（例）
　・新しいプロジェクトに関して取引先との交渉
　・スケジュールの調整とプロジェクトマネジメント
　・企画書・見積書の作成
　・外部スタッフのマネジメント
　・社内共有ツールの仕様の定義決め
　※可能な限り具体化させるのがコツ

② ①の要素を、次ページのマトリクスに振り分けてみよう。

②

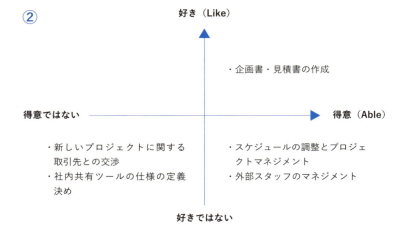

うまく4象限に分けることはできただろうか。それぞれの象限のポイントをまとめると、下のとおりになる。

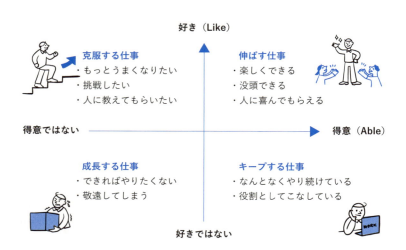

第 5 章　gALfな人に近づくために

　自分の仕事ぶりを振り返ってみてほしい。右側に振り分けた仕事（「伸ばす仕事」「キープする仕事」）はプレッシャーがかからず快適にこなせるだろうが、成長の観点では若干物足りない。右側の仕事ばかり張りきっていると、のびしろを生かせずに時間が過ぎてしまう。

　ALPAの法則にならえば、注目は左側に振り分けた「克服する仕事」「成長する仕事」である。特に左下の「成長する仕事」は、今の時点では好きでもなく、得意ともいえないゾーンだが、ここに成長の可能性が埋まっている。

　もちろん、このゾーンに入ることすべてに全力を注げと言っているわけではない。寒気やじんましんが襲うほど嫌なことで体調を崩すまで頑張ったって仕方がない。ただ、事実にネガティブな感情が掛け合わさると、実際以上に悪く映るものである。「私にはムリ」と、自分で自分に呪縛をかけていないだろうか。第4章で考えたforesightの羅針盤で、それが自分を成長させてくれるのか？ 冷静に考えてみよう。

　冷静に見て、それができるようになったらキャリアに広がりが生まれる仕事であるなら、食わず嫌いはやめて、取り組んでみることだ。敬遠していた分、得意になったときの反動も大きい。気づけば好きでたまらない仕事に化ける可能性も秘めている。

また、自身が置かれている状況やフェーズによっても、見方は変わってくる。あとちょっとのコツさえつかめたら、のばす仕事に転じる「克服する仕事」があるなら、今は全力でそこに向かうべきだ。

　ステップ1で分析した、自身が尊敬する gALf な人を思い出してみよう。その人もきっと、キャリアのどこかの時点で、自分自身の「克服する仕事」や「成長する仕事」と向き合ってきたはずだ。

》》 ワーク　テクノロジーの進化が私に及ぼす影響

　第4章で、近年の社会を取り巻く3つのキーワードとして、GAD（Global・Agile・Digital）を扱った。中でもデジタルテクノロジーの進化は目覚ましい。最近では ChatGPT をはじめとする生成 AI が大きな話題となった。技術の高さだけでなく、ビジネスや学術界への活用など一般への広まりの早さも注目したいポイントである。

　そして忘れてはならないのは、テクノロジーはどんな領域にも浸透するということだ。それも、従来からある仕組みや設備にも容赦なくである。

　サンフランシスコや北京では今、無人タクシーが解禁され、ドライバーのいない自動車が走っている。安全面などでの問題や議論は尽きないが、実用段階に入ったことは確かである。無人タクシーが実用化したら、あなたの生活にどのような影響を

及ぼすだろうか。

「私には関係ない」と思っていたテクノロジーが、自身の仕事や生活に影響を及ぼすことをどれだけ鮮明にイメージできるか。仮に自分の職場は旧来の仕組みのままでも、競合が最新技術を取り入れれば生産性に大きな差がつく。それが巡り巡って自社の業績に反映され、自身のキャリアを動かすことも考え得る。実際にそうはならなくても、可能性の検証は重要だ。

【手順】

1　最近気になったテクノロジーのニュースを、3本取り上げる。すぐにピックアップできなければ、インターネットや新聞、雑誌などで調べてみよう。日ごろ関心の薄い領域の情報を、ウォッチすること自体にも意味がある。

2　そのニュースがなぜ気になったのか理由を書き出そう。どこに注目したのかを明らかにし、言語化する。

3　取り上げたテクノロジーが、自身が関わる業界に浸透するとしたらどのような入り方が考えられるだろう。自身が手がける仕事や作業との関連性が考えられればベストだが、少し遠い位置関係でも構わない。その場合、自身の仕事への間接的な影響を考えてみよう。

ステップ4
どう生きたいかをイメージする

≫ 課題ではなく、あり方に目を向けよ

　いよいよ最後のステップだ。繰り返しになるが、偶然を機会に変え、幸せに生きる gALf モデルは方法論を語ったものではない。"自分自身の"ものさしを大切にしながらも、社会の一員として価値を発揮する。そのための努力と進化を重ね、より自分らしい生き方を築き上げていく。その過程にこそ、gALf の神髄が隠されている。

　生きていれば、誰にだって正念場が訪れる。タスクに溢れて、残業や休日出社が何カ月も続く時期、実力以上の仕事を任されてキャパシティーオーバーになる時期、いろんな理由をつけてずっと逃げ続けてきた苦手なことに、本気で向き合わなければならなくなる時期。ピンチを前になす術がなく、途方に暮れる時期。

　それは仕事だけに限らない。両親や兄弟との間に生まれたわだかまりを解く場面、つき合っているパートナーとの将来を考える場面、大切な人との永遠の別れに直面する場面と、逃げることの許されない事実に、一生の中で何度も直面する。

プレッシャーに押しつぶされそうになるときもあるだろう。またはこの辛さを誰もわかってくれないと、嘆きたくなるときだってあるはずだ。すべてを投げ捨てて逃げられれば、どんなにラクだろうか。

しかし自暴自棄に走ってはならない。こういう状況に陥ったとき、私たちは大抵、視野が著しく狭まっている。目の前の困難や失敗に執着し、周りが見えていないのである。

ここで大事になるのが、「私はなぜ生きているのか」という問いである。先が見えないときこそ大局的に捉え、今が人生という壮大なプロジェクトのある一部分であると認識することである。

哲学的な問いではあるが、人間は機械ではないから、大きな意義を感じながら動くことも必要だ。理屈だけですべてを語れるわけではないし、心を無視することはできない。すなわちBeing、人としてのあり方も同時に描いておく必要があるのだ。

》》 ワーク Vision Exercise

「ビジョンボード」というワークを、ご存じだろうか。叶えたい夢や、行きたいところ、欲しいもの、なりたい姿などについて、自分のイメージに近い写真やイラスト、言葉を1枚のボードに貼り付けて、コラージュ（写真や印刷物などの切り貼り

によって構成される造形作品）をつくりあげるものだ。数年前に海外の若い女性を中心に流行した。

　このビジョンボードを使って、gALfな生きざま、あり方（Being）をイメージしてみようというのが、今回のワークである。

　"あり方"というのは、非常に抽象的だ。自分がどうありたいか、生きたいかを言葉で説明するのはなかなか難しいのではないだろうか。または仮に言語化できていたとしても、周囲に存在するニュアンスを削ぎ落としていたり、逆に言葉から絵を膨らますことができなかったりということが考えられる。
　"野に咲く花"と言ったって、頭に描いたものがタンポポとバラでは、見た目も、咲く姿も、周辺の環境や光の色の具合もだいぶ印象が異なる。色味や形状、大きさ、質感、空気感など、言葉では平坦で説明的になってしまうところを、ビジュアルを使って直観的に表現することは、非常に有用である。

　というのも、人は視覚から多くの情報を得ている。中でもビジュアルが与える影響は大きい。一説によれば、文字情報と比較した場合、画像は7倍もの情報量を持つとされる（ちなみに動画になると、より情報量の差は大きくなる。アメリカで行われた調査では、1分間の動画は文字情報の5000倍、文字数でいうと180万語、Webサイトの3600ページ分という説もある）。自身のBeingを1枚の画に仕立てることは、文字で述べ

る以上に端的に伝わるのである。

　コラージュは立派なアートだ。芸術家になりきって、リラックスして取り組んでみよう。

【用意するもの】
- 台紙（画用紙やコルクボードなど。大きさはB4〜A3程度。100円均一ショップで売っているもので良い）
- 画像や写真を出力したもの（切り貼りできるもの。雑誌、パンフレット、新聞、ちらし、フリー素材をプリントアウトしたもの、思い出の写真、イラストなど）
- のり、両面テープ、画びょうなど貼付材
- カラーペン、シール、マスキングテープ、色紙など作品をデコレーションするもの

【手順】
①　自分の望むあり方を、まず言葉にする。ステップ3で紹介したワークとセットで取り組んでみても良い。

②　①に合致するモチーフを深し、ひたすら切り抜く。
〈切り抜きのポイント〉
- この段階では貼ることを一旦脇に置き、ひらめきを頼りにどんどん切り抜いていこう。ひととおり切り抜いた後で、絞り込んでいけば良い。
- 憧れの人、場所などを切り抜いても良い。ただし、"あり方"

が今回のテーマである。高価な車や時計、豪邸、お金といった、即物的なものに偏らないようにしたい（これはまたテーマを別に設けて、ビジョンボードをつくってみてもおもしろいかもしれない）。
- 切り抜く対象は、写真やイラストに限らない。文字が含まれていても OK だ。できるだけ、自分の考えるあり方を表現している書体、色、大きさを選ぼう。
- 切り抜く作業をしている間も、自分のあり方のイメージを膨らませながら進めよう。そこから考えが広がり、思わぬモチーフの切り抜きにつながる可能性もある。

③　台紙に切り抜いたモチーフを貼り付ける。さらにカラーペンやシール、マスキングテープなどで装飾し、自分だけの世界観をつくりあげてみよう。

〈貼り付けのポイント〉
- 自身のイメージする"あり方"に、よりマッチしているものを選んでいく。
- 台紙いっぱいにモチーフを貼りつけていこう。そのためにも②でたくさん切り抜いておくのが大事だ。
- 大きなモチーフから貼るようにすると良い。小さなモチーフを上から重ねても問題ない。ただしモチーフはたくさん詰め込めば良い、というものでもない。自分が表現したいイメージを優先するには、"重ねない"という選択も重要である。
- モチーフの並び順、貼る位置にもこだわろう。少し動かすだ

第 5 章　gALfな人に近づくために

けで、印象が大きく変わることもある。
- だからといって神経質になる必要はない。楽しみながらつくる。大事なのは、自分の中にはっきりとしたビジョンをつくりあげることにある。

自分の「ありたい姿」を想像して貼り付けてみよう

　ビジョンボードをつくるときは、集中することが大事だ。作業しているうちに、自分が考えていることがどんどん整理されるという人もいる。休みの日などを利用し、十分な時間をとって取り組んでみると良いだろう。

　できあがったビジョンボードは、部屋の目につくところに飾

っておこう。カメラで撮って、スマホの待ち受けやパソコンの壁紙にするのも良い。毎日目にすることで、自分の振る舞いを振り返るきっかけになる。無意識のうちに、望ましい思考や判断が定着する効果が期待できる。

　ちなみにビジョンボードも、「これが完成」というものはない。定期的に時間をとって、ビジョンボードづくりに励んでみるのも良いだろう。半年後、1年後と続けるうち、よりあなたにとってのgALfな生き方がクリアになっていくはずだ。

〈応用〉デジタル上でビジョンボードをつくる
　今回はアナログな方法を紹介したが、ビジョンボードをつくれるデザインプラットフォームや、コラージュに特化したスマホアプリも出回っている。材料や道具を準備する時間がとれないという場合は、デジタルツールを活用してつくってみるのも良いだろう。

　最後に補足しておきたい。
　人生はこの先も続く。今まで経験したことのない、大きなライフイベントが待ち受けていることだろう。その経験を経て、ビジョンはより解像度の高い言葉に変わる場合もあるし、解釈が異なっていたことに気づくということも大いにあり得る。

　一度決めたらやり直しがきかないものではない。

第 5 章　gALf な人に近づくために

　定期的にキャリアを振り返り、自分の中で消化させて、言葉に変える時間を設けるようにしよう。

　いかがだっただろうか？
　gALf な生き方に近づく 4 つのステップを読者の皆さんに提示させていただいた。
　ステップ 1 から 4 まで、それぞれ演習も含めながら、自分自身と対話ができるような工夫をしたつもりだ。

　何度も強調しているように、**一人ひとりの生き方や人生における優先順位は異なる。こうすれば確実に gALf になれる！と言うつもりもないし、自分自身のスタイルでの gALf な生き方を見つけてほしい**と思っている。これらの演習をやるかやらないかは、読者の皆さん次第だし、これが唯一の解だと言うつもりもない。
　ただ、自分自身との対話は重要だ。自分自身との対話を行うことで、自分自身の方向が見えてくる。一方で、自分自身との意義ある対話はなかなか難しいのも事実だ。
　今回紹介したツールは、自分自身との対話を深めるツールの一つとして使ってもらえると嬉しい。

おわりに

　自分の「居場所」があるということは、人生において非常に重要なことだ。
　ここで言う「居場所」とは、自分がしっかりと存在し、価値を発揮できる場所や環境のことを指す。例えば、それは特定の業界や職種かもしれない。自動車業界での自動運転ソフトウェアの開発や、大学で哲学を教えるといった、具体的な仕事や活動の場が考えられる。こうした居場所があることで、人は安心感や充実感を得ることができる。
　ただし、多くの人々は日々の忙しさに追われて、自分の居場所について深く考える時間がないと感じているのではないか。特に若い時に、自分に合った居場所を見つけるのは難しいものだが、それを見つける確率を高めることは可能だと私は考えている。
　私はこの本の中で、その確率を高める方法として「gALfの好循環」を紹介した。ここまで読んでくれた皆さんにはお分かりだと思うが、これはかなり抽象的な概念だ。抽象的だからこそ、この4文字のつながり方を論理的かつ感覚的に理解し、それを自分の中に落とし込み、実際に試してみることが重要だと考えている。この4文字がどのように結びついているのか、自分が今どこにいるのか、現在どのような心理的・物理的な障壁

おわりに

があるのかを俯瞰して考える時間を持つことが、「幸せな成功」を得るための知恵といえる。

　私にとって、この本を書き上げるプロセスは、自分の居場所を再確認する機会となった。私は人材育成の業界にいて、いくつかの役割を担っている。経営者として、人材育成プログラムの開発者として、また自ら講師としても活動している。そして、3年前からは、人材育成とは一見無関係な、別荘プロデュースの仕事も始めた。これも私の居場所の一つであり、まだまだ未熟な自分を感じる場でもある。

　講師という仕事は、受講者から非常に直接的なフィードバックを受ける場でもある。20代の若者たちと1日中対話する機会もある。50代の人々とのセッションでは、世代が近いため共通の経験も多く、表現や言葉選びにそれほど気を使わなくても良い。しかし、20代の若者相手だと、こちらの発信の仕方によっては思いもよらない誤解を生むこともある。そんな時、私は自分の未熟さを感じ、同時に、これが成長余地だとも感じる。今の私には、まだまだ自分の成長を感じられる場所が必要だと感じている。そして、そのような場が得られることに、とても感謝している。

　若い頃、私は本書で紹介したgALfのフレームワークを意識して生きていたわけではない。しかし、自分の目の前に差し出される仕事の中で、様々な「できること（Able）」を増やしてきたと振り返っている。20代から40代の私は、いろいろな事

情があって、好きなことを探す旅に出るという選択肢はなかった。ただ、そのことが私の人生に非常にポジティブな影響を与えたと感じている。

　自分の能力を超えるような難易度の高い仕事を任され、それを責任を持って遂行するために、必要な知識やスキルを磨き続けてきた。そして、それら一つひとつの点が、5年後、10年後、さらには20年後に線でつながる瞬間を多く経験した。そういった経験を、この本で表現している。この本が読者の人生の知恵として役立てば、とても嬉しく思う。

　人生において、自分の居場所や方向性を見つけることは一筋縄ではいかない。それでも、自分に与えられた課題やチャンスを一つひとつ乗り越えながら、歩み続けることが大切だ。そうした日々の積み重ねが、やがて未来の「幸せな成功」へとつながっていく。読者の皆様にも、自らの可能性を信じ、現実を見据えながら、一歩一歩前進してほしい。何事も無駄ではなく、すべての経験が未来の糧となる。そのことを、この本を通じて伝えたいと願っている。

　最後に、本書の執筆に際し、ご協力いただいた皆さんに心より御礼を申し上げたい。

　gALfワークショップの設計にとても有益なフィードバックをいただいたり、ご自分自身のキャリアについて、私のインタビューを快く受けていただいた企業の人材育成のご担当者の皆様。いつも私に知的刺激を与えていただく国内外のパートナー

おわりに

／コンサルタントの方々や、ビジネススクールの教授。本書のコンセプトの立ち上げでインスピレーションをいただいた菅さん、編集者として最後まで伴走いただいた山本さん。gALfにぴったりのイラストレーションを描いてくれた守屋絵麻さん、そんな絵麻さんを最高のタイミングで紹介してくれたGEエバンジェリストの飯島さん。私の思考の良き理解者であり、週末も子育てで超多忙の中、壁打ちに付き合ってくれ、たくさんのロジカルなインスピレーションを与えてくれた別所さん。若手・中堅などそれぞれの立場から、gALfへの素朴な疑問やフィードバックをくれたグローバル・エデュケーションの執行役員と社員の皆さん。「gALfな社長」福田さんには、コンセプトメイキングの段階から伝説の飛び回し蹴りインプットを多くいただいた。残念ながら今年、惜しまれつつ天国に旅立ったジムには、起業の時からずっと勇気をもらっていたし、本書の執筆にあたっても天国からエールをもらっていた気がする。そして最後に、私にいつも安心できる居場所を与えてくれ、ずっと傍で会社を支えてくれている家族と、3人の暴れん坊のチビちゃんたちに感謝したい。

2024年9月

布留川 勝

gALfな生き方を目指す方へ
おすすめのTEDと書籍

【TED】

TED名	日本語名	TED QR	おすすめの理由／本書との関連項目
Why specializing early doesn't always mean career success /David Epstein	「早期専門化＝キャリアの成功」とは限らない理由／デイヴィッド・エプスタイン		早期の専門化は長期的な成長を妨げる可能性があり、多様なスキルを試すことでより充実した人生を築けることが様々な実験や事例とともに紹介される。【⇨ ALPA】
You don't actually know what your future self wants/ Shankar Vedantam	未来の自分が望むものは、実はわからない／シャンカール・ヴェダンタム		人間は細胞が生まれ変わることで、常に新しい人間になり続けている。10年後の全く新しい自分を作り出すために、現在の私たちには何が出来るかを考えるTED。 ※現状日本語未訳。今後翻訳が追加されるかもしれません。【⇨ ALPA】
Try something new for 30 days/Matt Cutts	マット・カッツの30日間チャレンジ／マット・カッツ		ずっとやりたいと思っていたけれど、まだ実行していないことは？ 目標設定と達成のためのコツを紹介。【⇨ GRIT】
The gift and power of emotional courage/Susan David	感情に向き合う勇気の力と素晴らしさ／スーザン・デイビッド		私たちの感情との向き合い方が行動やキャリア、人間関係、健康、幸福に影響すると説く。感情の真実を受け入れる「感情的アジリティ」の重要性を語るTED。【⇨ GRIT】
Flow, the secret to happiness/ Mihaly Csikszentmihalyi	フローについて／ミハイ・チクセント		書籍でも紹介しているチクセントミハイのフローについて本人がTEDで語る。【⇨ GRIT】

TED名	日本語名	TED QR	おすすめの理由／本書との関連項目
Grit: The power of passion and perseverance /Angela Lee Duckworth	「成功のカギは、やり抜く力」／アンジェラ・リー・ダックワース		本書でも紹介しているアンジェラ・ダックワースのTED。成功する生徒と苦戦する生徒を分けるのはIQだけでなく、「グリット（やり抜く力）」が成功の鍵だと説明。 【⇨ GRIT】
There's more to life than being happy /Emily Esfahani Smith	幸せを目指すだけが人生じゃない／エミリー・エスファハニ・スミス		意味ある人生の重要性を説くTED。他者への貢献や自己成長による人生の意味が持続的な充実感をもたらすとし、その4つの柱を紹介。特にPurpose of Lifeを考える際に見ておきたい。 【⇨ foresight：鳥の目】
Before I die I want to … /Candy Chang	「死ぬ前にしたいこと」／キャンディ・チャン		アーティストのキャンディ・チャンは、廃屋を巨大な黒板に変え「死ぬ前にしたいことは？」と問いかけた。住民たちの驚きや感動、ユーモアに満ちた答えとは？ 【⇨ foresight：鳥の目】
An ER doctor on triaging your "crazy busy" life/ Darria Long	緊急救命医による"多忙"な人生のトリアージ法／ダリア・ロング		救急医療に携わる医師が多忙な状況でも冷静さを保つためのシンプルなフレームワークを紹介。経験を基に、混乱の中で自制心を取り戻し、圧倒されずに対処する方法を紹介。 【⇨ foresight：虫の目】
The human skills we need in an unpredictable world/ Margaret Heffernan	予測不能な世界で必要な人間らしいスキルとは／マーガレット・ヘファナン		テクノロジーに頼りすぎると、人間が予期せぬ事態に対処するスキルが減ってしまう。そのため、想像力や謙虚さ、勇気といった「人間らしいスキル」が、不確実な時代に必要だと強調するTED。 【⇨ foresight：魚の目】
The next global superpower isn't who you think/Ian Bremmer	次に世界の覇権を握る予想外の存在／イアン・ブレマー		政治学者イアン・ブレマーが世界の覇権を握る存在について語るTED。リーダーシップの変遷と進化する世界秩序が民主主義の未来に与える影響について考えるよう促す。 【⇨ foresight：魚の目】

※ TEDのQRは予告なく変更される場合もあります。
　その場合はTED名で検索をしてみてください。

【書籍】

書籍名	著者・翻訳者/出版社	おすすめの理由/本書との関連項目
『グッド・ライフ 幸せになるのに、遅すぎることはない』	ロバート・ウォールディンガー(著)、マーク・シュルツ(著)、児島修(翻訳)/辰巳出版刊	幸せな人生は偶然でなく、良好な人間関係が鍵。幸福度は人間関係の質に依存し、孤独感は健康を害する。今、目の前にある良い人間関係を築くことが、幸福な人生への第一歩と説く一冊。【⇒ ALPA】
『やり抜く力 GRIT(グリット)——人生のあらゆる成功を決める「究極の能力」を身につける』	アンジェラ・ダックワース(著)、神崎朗子(翻訳)/ダイヤモンド社刊	本書でも紹介しているアンジェラ・ダックワースの書籍。【⇒ GRIT】
『THE POWER OF REGRET 振り返るからこそ、前に進める「後悔」には力がある』	ダニエル・ピンク(著)、池村千秋(翻訳)/かんき出版刊	後悔は避けるべきものではなく、健全で普遍的な感情。後悔を正しく捉え、未来に向けて行動を改善することで、より良い人生を築くための指南書。【⇒ foresight：鳥の目】
『THE HEART OF BUSINESS(ハート・オブ・ビジネス)—「人とパーパス」を本気で大切にする新時代のリーダーシップ』	ユベール・ジョリー(著)、キャロライン・ランバート(著)、矢野陽一朗(解説)、樋口武志(翻訳)/英治出版刊	ベスト・バイ元CEOユベール・ジョリーが、人とパーパスを結びつける「ヒューマン・マジック」で組織の可能性を解き放つ手法を初公開。株価3倍成長を達成し、働きがいのある企業を築いたリーダーの書。【⇒ foresight：鳥の目】
『最後は言い方：これだけでチームが活きる究極のスキル』	L・デビッド・マルケ(著)、花塚恵(翻訳)/東洋経済新報社刊	「言い方」を変えることで、強要や同調圧力に頼らない信頼されるリーダーシップを実現する方法を紹介。【⇒ foresight：虫の目】
『THINK BIGGER「最高の発想」を生む方法：コロンビア大学ビジネススクール特別講義』	シーナ・アイエンガー(著)、櫻井祐子(翻訳)/NewsPicksパブリッシング刊	発想力とは「選び抜く」こと。本書は、世界的心理学者が10年かけて開発した思考法を紹介し、課題を選び、分解し、解決するための具体的ステップを提示。Netflixやピカソなど成功例に共通する「型」を解説。【⇒ foresight：虫の目】
『イシューからはじめよ——知的生産の「シンプルな本質」』	安宅和人(著)/英治出版刊	AI×データ時代における必須スキルとして、「イシュー」を見極める重要性を強調。真に価値ある仕事や変化を生み出すためには、決着のついていない根本的な問題を解決する思考術が求められる。【⇒ foresight：虫の目】
『2050年の世界 見えない未来の考え方』	ヘイミシュ・マクレイ(著)、遠藤真美(翻訳)/日経BP刊	膨大なデータと分析を基に、ヨーロッパを代表するジャーナリストが、人口、気候変動、テクノロジーなど世界を揺るがす要素を踏まえ、2050年の未来をポジティブに予測し、丁寧に論じる。【⇒ foresight：魚の目】

書籍名	著者・翻訳者／出版社	おすすめの理由／本書との関連項目
『LIFE SHIFT（ライフ・シフト）』	リンダ・グラットン（著）、アンドリュー・スコット（著）、池村千秋（翻訳）／東洋経済新報社刊	長寿社会に向けた新たな人生設計を提案する本書では、100歳時代に必要なスキルや新しい生き方を示し、働き方やパートナーシップの変化を解説。明快でタイムリーな視点から、より健康で充実した未来を描く。【⇨ foresight：魚の目】
『ニュータイプの時代 新時代を生き抜く24の思考・行動様式』	山口周（著）／ダイヤモンド社刊	大きく切り替わった時代をしなやかに生き抜く「思考法」「働き方」「生き方」「キャリア」「学び方」をまとめた新時代の案内書。社会構造の変化やテクノロジーの進化に伴って、個人・企業を問わず新たな思考・成功法への転換を説いている。【⇨ foresight：魚の目】

【本書で取り扱った参考文献】

『フロー体験 喜びの現象学』
M・チクセントミハイ（著）、今村浩明（翻訳）／世界思想社刊

『やり抜く力 GRIT（グリット）——人生のあらゆる成功を決める「究極の能力」を身につける』
アンジェラ・ダックワース（著）、神崎朗子（翻訳）／ダイヤモンド社刊

『THE POWER OF REGRET 振り返るからこそ、前に進める「後悔」には力がある』
ダニエル・ピンク（著）、池村千秋（翻訳）／かんき出版刊

『マインドセット「やればできる！」の研究』
キャロル・S・ドゥエック（著）、今西康子（翻訳）／草思社刊

『GRIT 平凡でも一流になれる「やり抜く力」』
リンダ・キャプラン・セイラー（著）、ロビン・コヴァル（著）、三木俊哉（翻訳）／日経BP刊

『実践版GRIT やり抜く力を手に入れる』
キャロライン・アダムス・ミラー（著）、宇野カオリ（監修）、藤原弘美（翻訳）／すばる舎刊

『世界がもし100人の村だったら』
池田香代子（著・再話）、C.ダグラス・ラミス（対訳）／マガジンハウス刊

『学習する組織』
ピーター・M・センゲ（著）、枝廣淳子(翻訳)、小田理一郎(翻訳)、中小路佳代子(翻訳)／英治出版刊

『フラット化する世界 経済の大転換と人間の未来』
トーマス・フリードマン（著）、伏見威蕃（翻訳）／日経BP刊

『シンクロニシティ—未来をつくるリーダーシップ』
ジョセフ・ジャウォースキー（著）、金井壽宏（監訳）、野津智子（翻訳）／英治出版刊

『幸運学』
杉浦正和（著）／日経BP刊

『セルフトーク超入門 心の中のつぶやきを変えれば、人生が変わる』
シャド・ヘルムステッター（著）、弓場隆（翻訳）／ディスカヴァー・トゥエンティワン刊

[著者略歴]

布留川 勝（ふるかわ・まさる）

ThinkG株式会社代表取締役。
グローバル・エデュケーションアンドトレーニング・コンサルタンツ株式会社創業者、GetBackerS代表。2000年に「グローバル人材育成を通して日本に貢献すること」を目的にグローバル・エデュケーションアンドトレーニング・コンサルタンツ株式会社を創業。世界中の教育機関やビジネスパートナーとの協働で、400社以上の企業向けグローバル人材育成プログラムの企画・開発・コーディネートを手掛ける。2020年に同社の代表を退任後も、企業向けプログラムの講師・コーチとして活躍。著書に『パーソナル・グローバリゼーション』（幻冬舎MC刊）ほか。

「天職・感謝・お金」を手に入れている人のgALf（ガルフ）な生き方

2024年9月21日　初版発行

著　者	布留川 勝
発行者	小早川幸一郎
発　行	株式会社クロスメディア・パブリッシング 〒151-0051 東京都渋谷区千駄ヶ谷4-20-3 東栄神宮外苑ビル https://www.cm-publishing.co.jp ◎本の内容に関するお問い合わせ先：TEL（03）5413-3140／FAX（03）5413-3141
発　売	株式会社インプレス 〒101-0051 東京都千代田区神田神保町一丁目105番地 ◎乱丁本・落丁本などのお問い合わせ先：FAX（03）6837-5023 service@impress.co.jp ※古書店で購入されたものについてはお取り替えできません
印刷・製本	株式会社シナノ

©2024 Masaru Furukawa, Printed in Japan　　ISBN978-4-295-40954-0　　C2034